行为导图
改善孤独症谱系或相关障碍人士行为的视觉支持策略

Behavior Mapping
A Visual Strategy for Teaching Appropriate Behavior to Individuals with Autism Spectrum and Related Disorders

[美] 艾米·布伊（Amy Buie）著
黎文生 张春芬 谢建芳 译

华夏出版社
HUAXIA PUBLISHING HOUSE

致　谢

特别感谢我们学校那些优秀的教职员工们，他们很在乎学校里的孩子，每天为了改善孩子们的生活而努力工作。非常幸运的是，孤独症教育中心有这么一个优秀的团队。感谢你们每一个人。

特别感谢埃里克·维林加（Eric Wieringa）画出书里的行为导图。和我自己那不入流的图比起来，这些图真是太漂亮了。

特别感谢塔拉·海斯（Tara Hays）开发基于网络的软件，这个在线软件让制作行为导图变得非常容易（www.behaviormappingmaker.com）。

最后，谢谢我的家人，我的丈夫布赖恩，我的孩子们——阿历克斯、安德鲁、凯蒂。你们的耐心和爱给了我足够的支持，这让我出版这本书的梦想成真。

各方评论

"一个成功的老师能够将自己特别的思想清晰地传授给别人,并且让别人取得成功,这是一种天分。在《行为导图》一书中,艾米·布伊分享了她使用流程图教导学生期望的社交和行为的策略方法。这本书结构清晰、通俗易懂,使用者可以轻松上手。在每一个章节,布伊老师都详细展示了如何使用导图——从简单的行为选择到复杂的社交妥协方案。"

——卡丽·邓恩·比龙(Kari Dunn Buron),孤独症教育专家,
著有《神奇的5级量表》《焦虑,变小!变小!》等

"在过去的10年,我参加过艾米·布伊的职业发展和研修课程的培训,一直使用行为导图帮助支持发生危机行为的孤独症谱系和相关障碍的学生。通过同时使用图片支持和口头提示,行为导图教会学生理解他们自己行为的前因和后果,允许他们在行为爆发之前修正自己的不当行为。"

——贝基·科特基(Becky Kostecki),助理行为分析师

"作为一个专门致力于孤独症谱系和其他发育障碍人士的特殊教育工作者,我毫无保留地推荐这本书。《行为导图》提供了易于理解的方法干预问题行为,而且对所有认知程度的学生都适用。使用本书的特殊导图,不仅有助于干预情绪崩溃和乱发脾气的行为,而且能够预防问题行为的发生。此外,语言导图大大提高了我的学生的语言能力,我甚至开始将其应用到IEP的目标中。我强烈

推荐孤独症谱系和其他发展障碍的老师、家长将这本有价值的书买来阅读!"

——琳达·德珀斯基(Linda Deposki),
特殊教育教师,密苏里州圣路易斯市

"在研究生学习和实际教学中,我都非常幸运地得益于艾米·布伊对我的指导。《行为导图》提供的方法对于孤独症谱系或者语言障碍学生、成人都适用,有助于提高他们的交流和做选择的能力,以及他们自我调节情绪的能力。在7年的教书生涯中,我在学校里使用了多种布伊老师设计的方法。她对这些有障碍的学生有深入的理解,并且明白怎么去帮助他们提高生活质量。"

——梅根·莫里亚蒂(Megan Moriarity),特殊教育教师

"这本书非常实用,提供了简单易懂的行为导图的制作法。行为导图适用于从微小的问题行为到严重问题行为的干预,比如对环境的不适应和社交行为。此外,只做少许修改,行为导图就可以用于不同年龄、不同程度的学生。我一直应用行为导图减少学生的问题行为,增加他们的恰当行为,很有效。"

——塔拉·海斯(Tara Hays, MPA, MA, BCBA, LBA),孤独症教育中心

"对高功能孤独症谱系人士,我们总是忽略他们对视觉支持的需求。行为导图在视觉上和结构上的教育方式,适用于各种情景环境。这个策略包含逻辑推理和强化结果,在我长期对高功能孤独症谱系人士的干预中非常有效而且必不可少。比如,本书包括的多种导图之一——问题解决导图,对于发展学生的妥协能力是一个很好的视觉支持工具,而这种妥协能力是一个非常重要的生活技能。成年孤独症谱系人士有能力做出正确的选择,并且理解自己行为的可能后果是非常关键的。对老师和家长来说,行为导图帮助学生发展这种能力,是很好的资源。"

——克里·玛塔雅(Kerry Matay),阿斯伯格综合征干预专家,
合著《高功能孤独症谱系人士的问题解决策略》

目　录

引　言 …………………………………………………………… 1

第一章　对行为的理解 …………………………………………… 1

第二章　后果导图 ………………………………………………… 9

第三章　复杂的行为导图 ………………………………………… 19

第四章　语言导图 ………………………………………………… 25

第五章　问题解决导图 …………………………………………… 31

第六章　行为导图的应用 ………………………………………… 39

结束语 …………………………………………………………… 45

参考文献 ………………………………………………………… 47

译后记 …………………………………………………………… 49

引 言

由于深切地感受到人们对高水平干预服务需求的不断增长,我在1998年创办了孤独症教育中心(The Center for Autism Education),专门对孤独症谱系障碍和其他发育障碍儿童提供干预。在我的学生中,有一些学生基本上和我整天在一起,还有一些学生只是部分时间和我在一起,大部分时间在普通学校接受教育。在中心里,我们教孩子们数学、阅读、社会科学和生活技能。

我们同时也对孩子的问题行为进行干预。由于日常作息表的变化,作业难度的变化以及其他未知的挑战,这些问题行为在一星期的每个时段都不可避免地发生。尽管学校里有许多教职员工可以提供行为支持,但一些学生还是常常有各种各样的问题行为,比如,拒绝合作、情绪崩溃和乱发脾气。

我一般使用视觉支持,如社交叙事(social narratives, Gray, 2010)、卡通图示(cartooning, Gary, 1994)、可视化作息时间表(visual schedules)和结构化教学(structured teaching, Schopler, Mesibov, Hearsey, 1995),这些策略对所有孩子都有很好的帮助。但是,在观察以及对孤独症谱系障碍学生的直接教学中,我发现了一个能让孩子们的问题行为得到显著改善的方法。

有一天，我突然意识到，在试图改变学生的行为时，我只是**口头告诉**学生应该做什么，而不是给他们**看得见**的视觉提示。每天，我都给学生看用文字和图片制作的日常作息时间表。当他们的上课时间改变时，我也用社交叙事让学生理解作息时间表的变化。然而，当我想提醒他们，好的行为会赢得玩玩具时间或得到强化物，不合适的行为就意味着得不到玩玩具时间或得不到强化物的时候，我仅仅是**口头**提醒他们。还有，当我的学生开始脱离正轨，比如大声喧哗的时候，我也仅仅**口头**提醒："记住，你现在努力保持安静是为了能看电影，所以，我们现在必须安静下来，否则就没有电影看。"

换句话说，我认识到，在这种时候，我并没有利用那些对孤独症谱系障碍儿童和成年人都很有效果的视觉支持策略。因此，我发展了一个新的视觉支持策略，称之为行为导图。行为导图是一种视觉支持策略，在行为上，通过**图示**的方式让孩子明白，在一定时间内，他们的行为方式可能带来的后果，从而帮助孩子做出正确的行为选择。

视觉支持和孤独症谱系障碍儿童

无论在学校还是在家里，孤独症谱系障碍儿童都能受能益于视觉支持策略（MacDuff, Krantz, McClannahan, 1993）。社交叙事包括社交故事（Social Stories™, Gary, 2010），卡通图示包括漫画对话（Comic Strip Coversations™, Gary, 1994）以及有图示的日常作息时间表等，这些视觉支持策略都早已被证明是有效果的。

除此之外,"神奇的 5 级量表"(Incredible 5-Point Scale, Buron & Curtis, 2012)也是一种帮助孤独症谱系障碍儿童进行行为管理的有效工具。神奇的 5 级量表可以用于多种目的,它给孩子提供了一个评估自己情绪的视觉尺度,从而帮助他们明白与情绪程度相应的合适社交行为。比如,"5"表明孩子感到非常愤怒和具有爆发性,而"3"说明孩子感到很沮丧,"1"则说明只是一点点小恼怒。通过将情绪的严重程度数字化,教会孩子表达他们的情绪,从而让父母或者照护者能够在孩子有情绪时,帮助他们正确选择调节情绪的方法。

另一个有效的视觉策略是社交行为导图(Social Behavior Mapping Winner, 2007)。这个策略是在孩子发生某个行为时,从社交的角度给他演示行为的后果,而且一方面特别强调孩子对自己选择某个行为的感受,同样也强调别人对孩子选择的看法。比如,孩子在课堂上举手时,社交行为导图可以帮助:①老师明白孩子在课堂上的参与程度;②他的同学明白该孩子精力很集中;③孩子自己感到自豪和高兴。温纳(Winner)的社交行为图谱的一个重点是,在孩子选择一种可能被认为是"错误的行为"时,给孩子提供一个社交行为的图示,来表明别人对孩子的感觉和反应。

行为导图

本书重点强调,行为导图是对其他已有的视觉支持策略的一个补充,但与其他支持孤独症谱系障碍儿童的视觉策略相比,有两个基本的不同。

第一,行为导图列出了学生选择某种行为后带来的强化结果。举例说,如果目标行为是在上课时用举手而不是用喊叫来引起老师注意，那么，在行为导图上就要表明学生这么做能得到强化物，比如，在他的奖励积分本上增加一个贴图，或者得到喜欢的《玩具总动员》中的卡通人物玩具。行为导图同时也列出孩子选择大声喊叫而不是举手的行为后果，就是不能玩《玩具总动员》中的卡通人物玩具。因而，行为导图在视觉上给孩子明确指出，如果他们听从老师或者家长的指令，就能够得到自己喜欢的东西。

第二，行为导图是由老师或者孩子的照护者制作的，在学生行为发生之前就决定并且给学生解释清楚某行为发生的后果。换句话说，如果学生的某个特定行为发生，行为导图的制作人对于学生应该得到的后果具有掌控权。以上面的例子来说，根据对强化物的筛选，老师确定了学生喜欢《玩具总动员》中的卡通人物玩具，就可以制作一个行为导图，来教会学生新的行为，即"上课举手"。大人决定孩子选择某个行为会带来的后果，在行为导图上给孩子明确标示出来。

在过去的15年里，我在密苏里州奥法隆市孤独症教育中心的教学中，一直对我的学生使用并且不断完善行为导图，这些学生都有严重的问题行为。我发现，与上文提到的其他行为支持策略结合，行为导图对于减轻孤独症谱系障碍或者其他相关障碍儿童的问题行为是一个行之有效的方法。

在本书出版之际，我同时查阅了有关方面的文献，看看还有没有其他的老师采用了类似的策略，以及他们是否有成功案例。令我十分欣喜的是，行为导图在加拿大成功地用于孤独症谱系障碍儿童。我最早是在1998年就为我的学生制作了行为导图，而在2004年，英属哥伦比亚大学的一位学生布朗（Brown）的发现和我一样：行为导图对孤独症谱系障碍和其他相关障碍儿童非常有效。布朗后来发表了他使用这个策略的研究论文,并称这个策略为依联导图(Brown, Mirenda, 2006)。

基于布朗和米兰达的科研成果,凯瑟琳·托宾和理查德·辛普森(2012)对一名6岁的学生使用了后果导图。该学生被诊断为情绪障碍、注意力缺陷多动障碍以及对立违抗障碍。结果证明,后果导图改善了孩子不服从和攻击性的行为。这些早期研究进一步支持,使用行为导图对于有严重行为问题的儿童效果更显著。

除此之外,密苏里州李岭山学区也对他们的学生采用了后果导图(Consequence Maps)。凯伊·奥腾和朱迪·塔特尔在2011年出版了《如何接近并教育具有问题行为的儿童:简单实用的干预方法》(*How to Reach and Teach Children with Challenging Behavior: Practical, Ready-to-use Interventions That Work*),并在书中举例说明了行为导图的应用。后果导图的另一种使用方法是在导图的标题上注示,"如果……,那么可能的后果是……"。这个方法有助于帮助学生在力所能及的时候制作自己的行为导图。

为什么要用行为导图?

我认识到,在对孤独症谱系障碍儿童的教育中,许多孩子并不理解原因和结果的概念。换句话说,当行为导致某种后果的时候,学生并不总是知道他们的行为是造成那些结果的原因。除此之外,在与他人的沟通中,包括高功能的、有语言沟通能力的孩子,往往也没有足够的语言能力与他人商量事情,要求澄清事实,或者"修正"自己的语言——这就是缺乏实用语言。比如，当我们在与别人沟通、对方脸上露出"我不明白你在说什么"的表情时，我们会换一种说法来解释我们说过的话，并且询问对方是否明白了自己的话。

孤独症谱系障碍儿童难以理解因果关系，不能使用实用的语言，他们对于生活中的事情还很刻板，甚至于有强迫性的固执（Myles, Southwick, 2005），这就造成了他们看似"刻板的思维方式"，无法从多个角度看问题。实际上，孤独症的一个特征就是兴趣狭窄，感兴趣的事情往往只有很少的几种（APA, 2013）。这可以从他们玩玩具的方式看出来（他们可能将玩具一次又一次地排列起来，而不是用它们来玩假扮游戏），还可以从他们过度专注于某些物体看出来（比如，专注于风扇或吸尘器）。这种狭窄的兴趣活动使得孩子在对待物体或者事件时总是非常困难。他们总是希望事情以某种固定的方式进行，而无法接受其改变。许多时候，他们因为无法适应并接受改变而沮丧，从而产生诸如拒绝学习、打人或者踢人等问题行为（Volkmar, Klin, & Cohen, 1997）。

在这些情况下就可以使用行为导图。行为导图帮助孩子理解前提、行为和后果，尤其是理解他们的行为（原因）是如何带来后果（结果）的。行为导图同样允许儿童在视觉上看到（文字和图片的方式）做出正确的选择是如何带来奖励的，从而鼓励他们做出正确的选择并学会新的技能。

最重要的是，根据美国国家孤独症中心的信息（www.nationalautismcenter.org），行为导图是有科学依据作为基础的干预方法（见下面的表格）。

美国国家孤独症中心（NAC）发布的与行为导图相关的循证实践方法（EBP）

干预策略	相应的 NAC EBP	研究结果显示的受益技能
做出选择*	前提策略（在问题行为发生前的环境改变）	沟通能力、互动（社交）能力、个人自理、游戏能力、自我调节、感统和情绪调节
教授替代技能	行为策略（在行为问题发生之前或之后的环境改变）	沟通能力、互动（社交）能力、个人自理、游戏能力、自我调节、刻板重复、非功能性的行为、感统和情绪调节以及降低问题行为
正强化	行为策略（在行为问题发生之前或之后的环境改变）	沟通能力、互动（社交）能力、个人自理、游戏能力、自我调节、刻板重复、非功能性的行为、感统和情绪调节以及降低问题行为
示范	示范（大人或者同伴示范目标行为让孩子模仿）	沟通能力、更高的认知功能、互动（社交）能力、游戏能力、自我调节
差别强化	行为策略（在行为问题发生之前或之后的环境改变）	沟通能力、互动（社交）能力、个人自理、游戏能力、自我调节、刻板重复、非功能性的行为、感统和情绪调节以及降低问题行为
社交叙事	故事形式的干预策略（描写希望达到的某个特定行为的情景）	互动（社交）能力、自我调节
自我监督	自我管理（教会孩子自我调节自己的行为）	互动（社交）能力、自我调节
辅助*	前提策略（在问题行为发生前的环境改变）	沟通能力、互动（社交）能力、个人自理、游戏能力、自我调节、刻板重复、非功能性的行为、感统和情绪调节
社交脚本	故事形式的干预策略（描写希望达到的某个特定行为的情景）	互动（社交）能力、自我调节
特殊兴趣	前提策略（在问题行为发生前的环境改变）	沟通能力、互动（社交）能力、个人自理、游戏能力、自我调节、刻板重复、非功能性的行为、感统和情绪调节以及降低问题行为
视觉支持	日常作息时间表（展示任务表让孩子明白将要进行的一系列活动或步骤）	自我调节

*也称行为策略

准备好使用行为导图

在使用行为导图策略之前，需要掌握的"基础"知识。

第一，功能性行为评估（functional behavior assessment, FBA）要求不断收集数据并进行评估，这对于制订任何孤独症谱系障碍儿童的干预计划都是关键的。作为FBA（O'Neill et al., 1997）的一部分，干预小组要决定问题行为的功能。换句话说，就是孩子的行为所表达的功能，比如尖叫，这个行为可能是表明"我想和你在一起"或者"这个太难了，我不想做"。

第二，孩子需要一个可视的、提前设定好的日常作息时间表（在每个不喜欢的活动之后紧跟一个喜欢的活动）。这个日常作息时间表标示出对孩子们的期望以及每天的上课计划。根据孩子的程度，这个日常作息时间表可以是文字，也可以是图片或者实物。

日常作息时间表帮助孩子提前预知下一项活动的内容，并且能够帮助孤独症谱系障碍儿童理解日程中偶然发生的变化。比如，由于天气的原因不能去室外玩了，可以使用视觉图片"展示"这个变化，那就是将"室外游戏"的图片或者文字取下来，换成教室的图片或者文字，以表明他们的休息时间将会待在室内。

第三，为了在孤独症谱系障碍儿童一整天的活动中都利用机会教他们与其他儿童进行恰当的社交互动，在安排一天的活动时，使用社交叙事是非常重要的。社交叙事可以使孩子提前预知将会发生的日程变化。比如，可以写一个社交故事来帮助孩子理解火灾演习以及在火灾演习时他们的正确行为方式(快速排好队,走出室外,等待"一切安全"的通知然后回到教室,等等)。社交叙事应该每天都进行分享使用。

第四,必须对孤独症谱系障碍儿童的感统需求提供必要的支持。对大多数人来说相对弱小的感觉信号,比如灯光、室内的噪音、气味和衣服的质地,对孤独症谱系障碍儿童来说可能是巨大的,以致他们在上课时很难集中注意力,在处理获得信息的同时还能遵守教室里的规则。这些都可以造成行为问题。为了改变这种状况,在孩子一天的学习生活中,给他们提供感统时间会很有帮助,这包括用神奇的 5 级量表(见第 20 页)来确定孩子的情绪沮丧程度,用视觉支持来帮助孩子提出休息的要求,同时,可以让孩子跳跳蹦床、荡秋千,或者躺在豆袋椅上休息(Endow, 2011)。

为此,无论是在教育孤独症谱系障碍儿童还是任何其他儿童时,都不要使用单一的策略。许多孤独症谱系障碍儿童都有泛化的问题。泛化就是指,孩子学会一个技能后,能够对不同的人使用不同的材料,并在不同的地点应用。因而,使用多种策略才是最有效的方式(Hflin, Alaimo, 2007)。

在讨论完行为后,下面的章节将教会你使用四种行为导图:后果导图、复杂的行为导图、语言导图和问题解决导图。各种导图应该针对不同的儿童进行个别化才会更有效果。行为导图不必按照某个特定次序来展现给学生,而是基于学生的需要,选择合适的行为导图。我一般根据某个特定的情景而设计行为导图,而且往往在某个目标行为将要发生的时候就设计好。

行为导图可以帮助学生理解对他们的要求,帮助他们安静下来,特别在能够预知问题行为将会发生的情况下更有效果。多数情况下,行为导图可以用来预防问题行为,帮助学生做出正确的行为选择。有时候,如果能够在孩子感到沮丧之前给他使用行为导图,就能够帮助他"安静下来"以防止他情绪崩溃。

> 购买本书的读者,您可以关注"华夏特教"微信公众号,后台回复"行为导图"或"BP",即可获得本书讨论的三个主要行为导图的空白模板,包括后果导图、语言导图和问题解决导图。

第一章 对行为的理解

我们干预孤独症谱系障碍学生的目的是帮助他们成功地融入学校和社区，从而过上有意义的生活，成为对社会有用的人。其中一个最主要的任务就是帮助他们学习，并且在合适的时间、合适的场合表现出恰当的行为。我们希望学生们可以在教室安静地学习，参与班级活动，而不是打人或大喊大叫。我们希望学生可以行为得体地吃顿晚餐，而不是遇事抓狂。对我们来说，这些目标往往是最重要的。不当行为是限制孩子和成人参加社交活动的最大障碍，并且影响他们结交朋友、参加工作等等。

基安娜是个14岁的孤独症谱系障碍女孩，8年前来到孤独症教育中心。在学校，她经常大喊大叫，不愿学习，常常打人，而且还说脏话。由于这些问题行为，她们家没有办法让她参加更多的活动。比如，由于她经常不是大叫"闭上你的臭嘴"，就是有其他问题行为发生，因而家人没办法带她去买日常用品或者外出就餐。

经过密集干预并且使用行为导图，基安娜现在能够听从指令，几乎很少喊叫，还学会了使用礼貌语言。同时她的日常行为也得到了改善，她的父母可以放心地把她单独交给护工陪伴。事实上，当她父母终于第一次可以外出参与社交活动时,她父亲告诉我,他们夫妻俩8年来没有单独出去吃过饭,因为他们一直无法把基安娜留给护工,也无法带基安娜一起上饭馆。

为了改变行为,就必须首先知道这个行为的目的。换句话说,就是这个行为要传递一个什么信息?既使在一开始不一定能明确儿童到底要表达什么,但他们的行为总会传递某些信息,并且这种信息传递方式在一定程度上对他们来说是有效的。

比如,孩子打人,也许他只是想说"我不想做这个""我想和你谈谈"或者"我饿了,想吃零食"。如果她的父母或者老师在她打人后与她讲话或者给她零食吃,那么,孩子就得到了她想要的东西,打人这个行为对她来说就成了有效的信息传递方式。

有时候,问题行为的有效性也表现在让学生成功地逃避做作业和老师对他的要求。比如,要求一个孩子做数学作业,于是他就打人了,结果孩子被送到校长室接受批评,而不是做数学作业。对这个学生来说,打人就意味着能够不做数学作业。

无论大人还是儿童,在沟通技巧不够有效、无法自我调节情绪,或者无法忍受生活中的某些变化时,都会采用某种行为方式来进行沟通。一些孤独症谱系人士就不善于用语言沟通,而那些更严重或者更典型的孤独症人士,不仅语言表达能力有限,而且由于认知和感统上的不足,也无法处理外部的信息。例如,一个孩子很可能用喊叫、打人、踢人、撞墙、扔东西或砸东西来表达"不"、来寻求帮助或者索要玩具。我们希望教会这些孩子用口头语言、肢体语言或者图片来告诉我们他们想要的或需要的东西。作为老师或者家长,我们有责任教会孩子用恰当的方式沟通。

以下图表简单表达了功能性行为评估结果。如图所示,行为是打人,根据 FBA 的结果,其功能是逃避或回避。根据行为的功能,恰当的行为方式是用语言来请求帮助(沟通)。

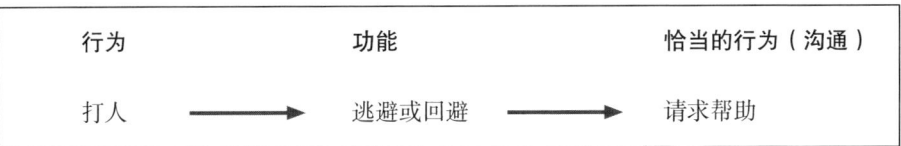

知道了行为的功能,接下来就要找到一个易于被接受并且可以达到相同功能的行为。如果孩子用诸如掐人和喊叫的行为来表达"不,我不想做你刚刚要求我做的事",我们希望教会他用不同的方式来表达相同的意思。例如,我们可以用手语或图片来教他说"这个对我太难了""我感觉不舒服"或者"我想休息一下",这样有助于他学会使用口头语言、手势语言或者图片来沟通而不是用掐人或喊叫的方式。上面这些短语帮助他学会用语言来实现相同的逃避或回避功能,而且这种方法更恰当、更有效。

找到行为功能的同时也找到能够让孩子达到相同功能的替代方法后,接下来就是将这些策略写进行为干预计划中。制订一个行为干预计划是非常重要的，这使得干预小组的每个人都能按照统一的计划来教导孩子"新"的行为。**然而，很多时候，我们在写行为干预计划时，却忘了功能性行为评估是行为干预的第一步。**在没有充分考虑功能性行为评估的情况下，就直接跳到如何干预问题行为的环节。所以当问题行为出现后，我们只想知道怎么处理这个行为，才能让孩子明白他的行为是不恰当的，从而不再出现这个问题行为。我们通常想到的方法就是罚时出局（timeout）或者剥夺孩子喜欢的东西。比如，"我们是不是可以取消他的自由玩耍时间或者罚他在走廊坐上一段时间？"或者"是不是可以不让他玩电脑或者送到校长室？"总之，在他打了我的脸，我的鼻子还血流不止时，我们一定得干点啥才行。

这些都是对问题行为的正常反应。作为老师和照护者，我们都想尽量告诉孩子们某些行为是不妥的。我们总是首先问自己，"我该怎么处理这种问题行为"，然而比这个问题更相关、更有效的应该是"我想让他怎么做"。这种换位思考的方法可以让我们的关注点从着重于处罚孩子问题行为转向关注孩子们的需求——那就是教会孩子一种沟通技能，而不再是要孩子必须改正某个问题行为。我们所有的时间和精力都应该用于教会孩子新的行为而不是惩罚他们的问题行为，比如下面这个例子。

9岁的卡洛斯是个喜欢电脑的孤独症谱系障碍男孩。在他自己玩电脑游戏时，如果有人走过来站在他旁边，他就会打那个人的肚子。多年来，干预小组的成员都是采取直接将电脑拿走的方法来干预他的打人行为。这种方法就是典型的首先想到"我应该怎么处理这种问题行为"，而方法就是让卡洛斯承受后果——他喜爱的电脑被拿走了。

在卡洛斯成为我的学生后，我首先问的问题是"我想让他做什么？"答案就是，在卡洛斯玩电脑时，我走近他，我希望他请求我走开，而不是打我。卡洛斯能阅读，因此我写了张卡片，"布伊老师，请走开！"我给卡洛斯解释，如果他想自己玩电脑，就必须用他的语言告诉我，与此同时，我将这张卡片给他看。随后他在自由活动时间玩电脑时，我走过去站在他旁边。他刚要打我，我迅速把卡片放到他面前。他看了看卡片，大声读道"布伊老师，请走开！"我闻言随即走开了。

通过替代行为而不是惩罚问题行为的方法，我们在短短两个课时里就解决了他打人的问题。

当然，有些时候，让孩子承担自己的行为后果也是必须的，特别是涉及安全问题的时候。然而让孩子承担后果时，我们也应该自问一下："我的孩子或学生从这个后果中学到了什么？"换句话说，如果打人后孩子必须接受罚时出局，而我们的目的是停止他这种打人行为，那么每次他打了人都应该被罚时出局 5 分钟。但是，这个罚时出局是否真的能够阻止他下次不再打人呢？也就是说，下次他想打人了，能不能停下来想一想："我最好别打人，因为一旦我打了人，就会被罚时出局，所以这次我选择不打人了？"

答案是"也许不能"。许多有孤独症谱系障碍以及其他发育障碍和情绪障碍的儿童，不能明白这种因果关系。在没有学会恰当的沟通方法，不能没有合适的方法来传递他所需要表达的信息之前，同样的事情发生时，孩子经常还是会打人。

仔细想想，后果对于孩子可能没有任何意义，因为他所想表达的仅仅是"这个作业太难了"，所以他不想做。而在多次体验这种后果后，这孩子会想："我打人踢人之后，就会被惩罚。可是很多时候这个惩罚的后果是不用做作业了。"在这个例子里，惩罚的后果实际强化了打人这种行为，因而孩子会更多地行使这个行为，而不是我们所希望的停止这个行为。

正如之前提到的，在干预孩子的问题行为时，让他们承担后果在某些情况下也是必要的。比如，我儿子有双相人格障碍。一旦他表现出攻击性，就会被关在他自己的房间。我知道，承担这个惩罚的后果对他来说是非常重要的，这不仅可以使他安静下来，还可以警告我的其他孩子，攻击性的行为是不可接受的。我长期执行这个惩罚的方法，因为它对我儿子很重要（帮助他安静下来），但是，我也必须明白，使用这个方法不是用来改善行为，而是另有原因。

让儿童承担自己的行为带来的自然后果也很重要。比如，如果你弄坏了电脑，就不能再玩电脑游戏了；或者如果你不吃饭，过一会儿你就饿了。这些后果与罚时出局或者剥夺孩子的玩具（惩罚）不同，他们不是强加上去的，而是孩子做出的选择所带来的直接后果。

根据要承担的后果来选择自己的行为是基本的生存技能。行为导图在这点上特别有效。它可以教会儿童选择正确的行为（也就是我们所希望的行为方式）来替代他们的问题行为，实现相同的行为功能，同时，让他们明白，问题行为会带来自然的后果。

行为导图是老师或父母制作的，通过视觉（文字和/或图片）提示的方式，让儿童理解选择什么样的行为就会带来什么样的后果。例如，卡洛斯的行为导图可以显示出，如果他打人，老师就不会离开，而一旦他抓狂弄坏了电脑，就不能玩游戏了。行为导图同时也显示出了，如果他说"请走开"，老师就会离开，而且他仍可以玩电脑游戏。每天在卡洛斯玩电脑之前，老师都会和他重温一遍行为导图，直到他理解了这个行为和后果的关系，可以独立完成恰当的行为。正如上文提到的，有时候，或许只要试几次就能成功。

第二章 后果导图

我把第一类行为导图作为基本的导图,称为后果导图。在基本导图中,老师或家长将儿童可选择的行为在图中表示出来,比如,当老师给学生布置了作业或者提出了要求,学生必须以某种行为方式回应。具体来说,是当上午要完成的作业布置给学生时,学生就应该完成;或者当计时器响起,孩子应该停止当前的活动,进行他的日常作息时间表上列出的下一个活动。

学生做出恰当的行为选择,就应该被强化,这样他们下一次仍然会选择恰当的行为。他们需要认识到,如果做恰当的行为选择,例如,完成作业或者停止喜欢做的事,好事就会接着来。后果导图就是这样在视觉上告诉他们,行为选择将要带来的后果。

在制作后果导图时,首先,在圆圈中写下对孩子的要求或期望(见第10页),然后画个箭头指向其他圆圈,指示出孩子可以做的选择。例如,给孩子分发上午的作业时,学生可以选择完成作业或者安坐在桌子边,拒绝做作业。

实际上，在布置了上午的作业后，孩子可以有多种回应反应，但是我们只给两种选择——①学生通常是怎么做的，②你想要他怎么做——这样做可以简化这种策略使之易于理解。（第三章将会介绍有多种选择的行为导图。）

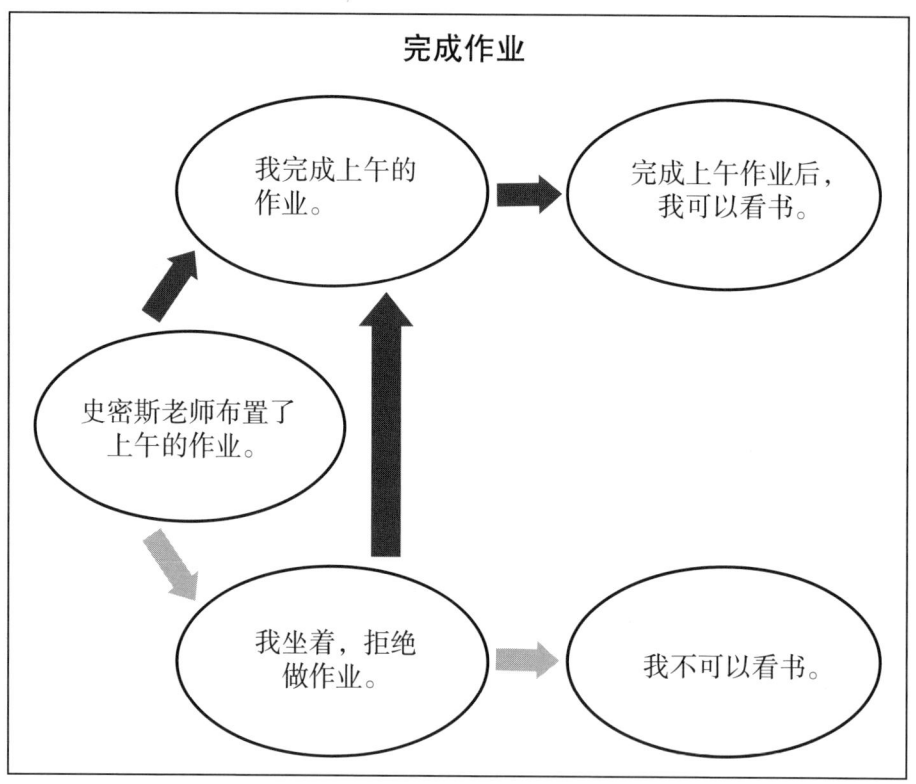

接下来，再画箭头指向学生做出的行为选择所对应的后果。例如，如果孩子做了上午的作业，下一个圆圈就可以写："做完作业后，我可以坐在豆袋椅上看书。"相反，如果孩子选择不做作业，圆圈中就可以写："如果我拒绝做作业，我就不可以看书。"

> 我用绿色箭头指向带来好结果的行为选择，或者叫"绿灯选择"，而红色箭头则指向带来自然后果的行为选择，或者叫"红灯选择"。在这本书的行为导图中，绿色箭头用黑线示意，红色箭头用灰线示意。

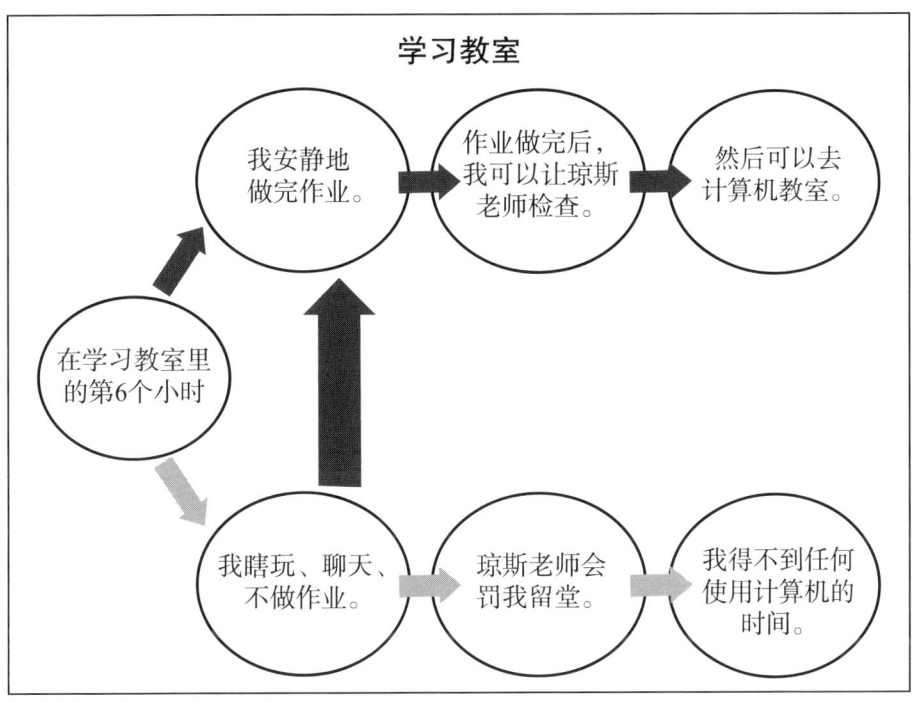

一般行为导图的上半部分都标示带来积极后果的选择，同时注明做出这个行为选择后会得到的强化物。在"完成作业"的导图中，学生完成作业后就可以去看书。在"学习教室"的导图中，学生在请求老师检查功课后就可以去计算机房。换句话说，导图给出的例子表明"你所希望的孩子的行为"，并且给孩子注明，这样做了之后会得到正强化。

后果导图的另一个基本要素是，如果孩子最初做了"红灯选择"，图上要表明,她怎么样才可能重新得到强化物。也就是说,多数导图都应该包括绿色的箭头(本书是黑色)来帮助孩子明白,他们还可以做出正确的选择,以回到"正确轨道"。但这并不表明孩子做出了不当行为后还可以得到她想得到的强化物。比如,如果孩子打人了,她就不能去看书。我们希望她在需要帮助的时候"举手请求",而不是打人,这样才可以去看书。

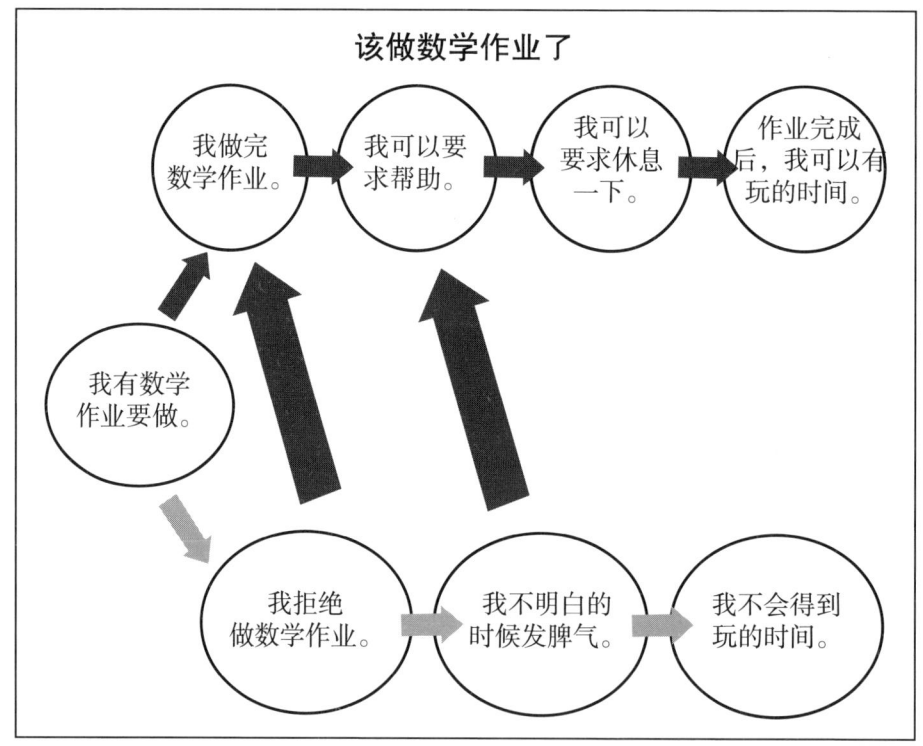

"该做数学作业了"的导图表明,如果学生不做完数学作业,就不能得到自由玩耍时间,但这并不是说,学生就永远得不到自由玩耍时间,相反,自由玩耍时间与完成作业有关联。这是很重要的差别。如果他不做数学作业,就没有任何自由玩耍时间。如果给了学生自由玩耍时间,那么,强化了这个概念,就是拒绝做数学题仍然可以得到学生喜欢的自由玩耍时间。

再仔细看一下这个图，如果孩子最初选择不做作业（即"红灯选择"），就会有一个黑色箭头（实际的导图用绿色）指回"绿灯选择"的第一个圆圈，上边写着"我做完数学作业"，那么，即使是一小时以后才完成，只要完成了数学作业，她仍然可以有自由玩耍时间。换言之，即使一开始做了一个"红灯选择"，她仍然有可能回到有好后果（而且有强化物）的轨道上。

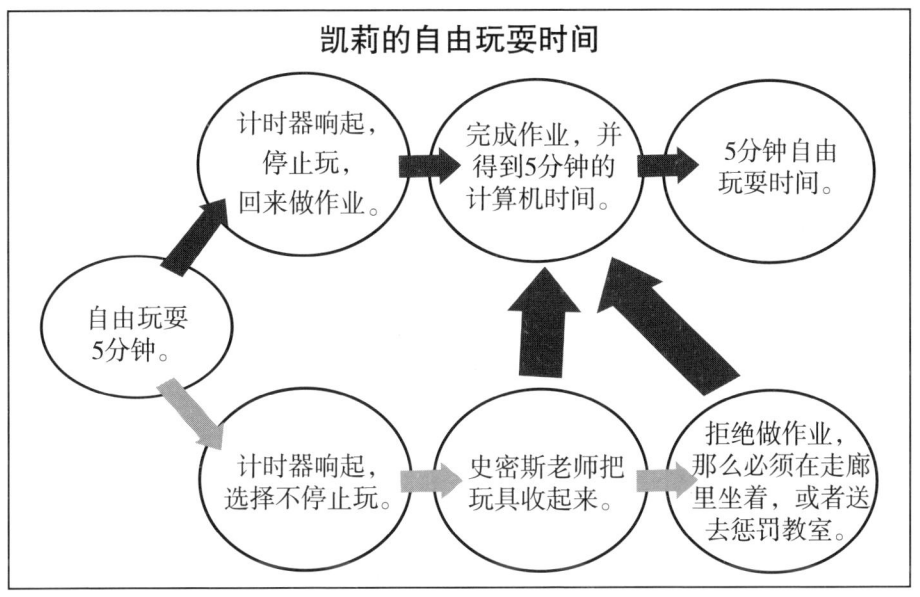

在"凯莉自由玩耍时间"的行为导图中，凯莉可以选择主动停止自由玩（计时器响的时候），或者让她的老师史密斯老师帮助她停止自由玩耍（通过把她的玩具拿走）。在凯莉拒绝停止的时候，这张图上没有用灰色/绿色箭头指回"绿灯选择"的第一个圆圈。凯莉只有两个选择：对或错。如果自由玩耍的时间到了，计时器响了，她选择不停止，你决不能允许她通过尖叫或者打人的行为来获得更多的自由玩耍时间。如果这时候给予了更多的自由玩耍时间就会强化她的问题行为（例如尖叫或打人），从而教会她，这个行为是一种沟通方式或者是她能获得所需物品的方式（例如更多的自由玩耍时间）。

如果凯莉不肯自己主动停下来，需要老师帮忙，那么老师应该后退到一边，随她去发脾气。这时候，千万不要和她说话。在确保她安全的前提下让她自己安静下来。这可能会花上些时间，但是这一步很重要。忽视她的问题行为同时确保她的安全，可以让她将行为导图上所示的行为与自然后果联系起来，从而理解这种因果关系。

如果我们为了防止她抓狂而"放弃原则"或者满足她的要求，实际上会延长她发生问题行为的时间。一旦凯莉安静下来，重新给她看行为导图和她的日常作息时间表，让她明白你希望她完成作业，也希望她明白，完成作业是她得到自由玩耍时间的条件。不要简单地给孩子再来一次的机会，但是应该给她尝试改进的机会。简单地给孩子再来一次的机会会让孩子在出现问题行为之后仍然能得到她想要的东西。给她尝试改进的机会是提供孩子"再试一次"的机会，因而她最终还是成功的。

这张"我依然可以有美好的一天"的后果导图是专为我以前的一个学生做的。他在学校里经常会情绪沮丧甚至愤怒。一旦抓狂了，他会被送到一间"安静屋"（quiet room），并且在接下来的一整天都拒绝接受任何指令。他的安静屋在教导主任办公室旁边，在那里，他可以安静下来，获得休息。这个房间也是在他有攻击性行为，可能伤害自己或者他人时，能够安静下来的地方。

如果他一旦抓狂，又缺乏沟通能力"讨论"如何解决问题，后果就是，从这时开始的一整天都是不美好的。我用这个导图来帮助他在抓狂之后依然可以回到正常的轨道，过好一天中剩下的时光。所以这个导图帮助他认识到他仍有重新选择的机会，这一天并不是因为那一次抓狂就全完了。

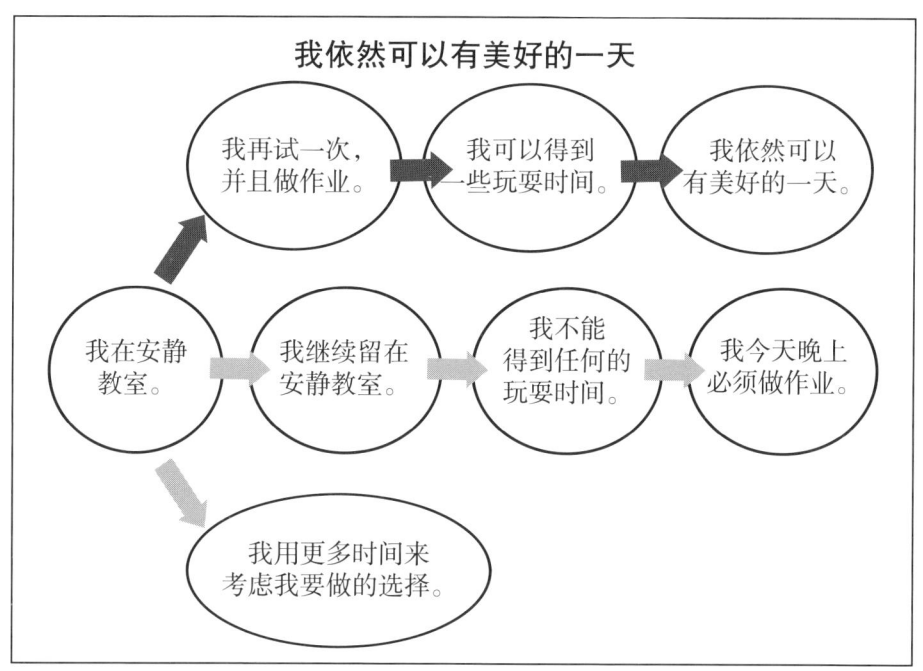

许多孤独症谱系障碍儿童需要很长的时间来"想事情"或者说处理信息。在他们没有准备之前千万别给他们施压。认识到这点,我又加了一个可供选择的圆圈,"我需要更多时间来考虑我要做的行为选择"。在实践中,我和另外一个工作人员坐在安静屋的外面,每隔五到十分钟,我就进去给他看这张图,这对他来说并无压力。他还被允许将他的选择指给我们看,而不一定非得说出来,因为在抓狂时他很难组织语言来表达自己的意愿。

本章最后这个结果导图,完全是用图片表述的(图片导图)。这个导图主要是为不识字或者功能稍微低点的学生准备的,这样我们就可以用相同的行为导图策略来教育那些需要更多视觉支持的学生。在这张"安德鲁想复印文件"的导图中,我想告诉他的是,如果他能够控制住自己不打人,那么他就能够去做自己喜欢的事——复印文件,复印文件对他来说是个强化物。

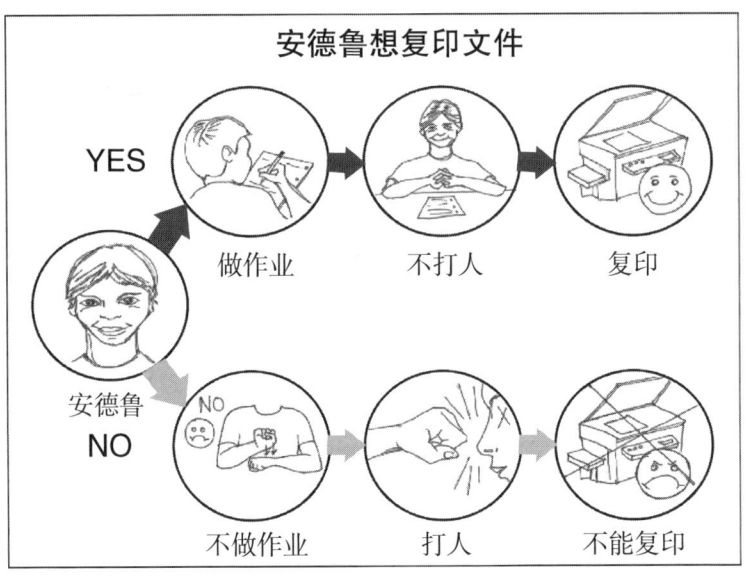

这张"安德鲁要彩笔的时候"的导图是为同一个学生画的。在他完成作业后,他就赢得了握着彩笔的机会。这张导图告诉学生,他可以拿着作为强

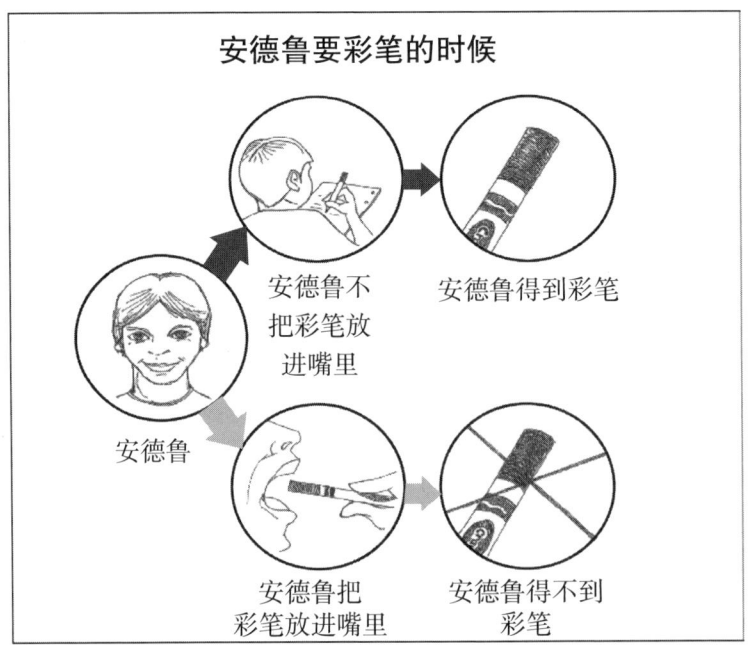

化物的彩笔，但不能把彩笔的上头放进嘴里。我希望他拥有这支彩笔，因为这是他很努力完成功课赢得的，但我也想让他知道如果将笔头放进嘴里（很不安全），其后果就是不能拥有彩笔。所以这张导图使得安德鲁既能赢得彩笔，也能正确使用它。

这张"保持安静，不喧哗"的导图是用来帮助我的一个学生保持安静的，特别是在他沮丧的时候。通过这张后果导图，如果他在很沮丧的时候仍能保持安静，就可以获得时间玩电脑、看电影或者荡秋千。

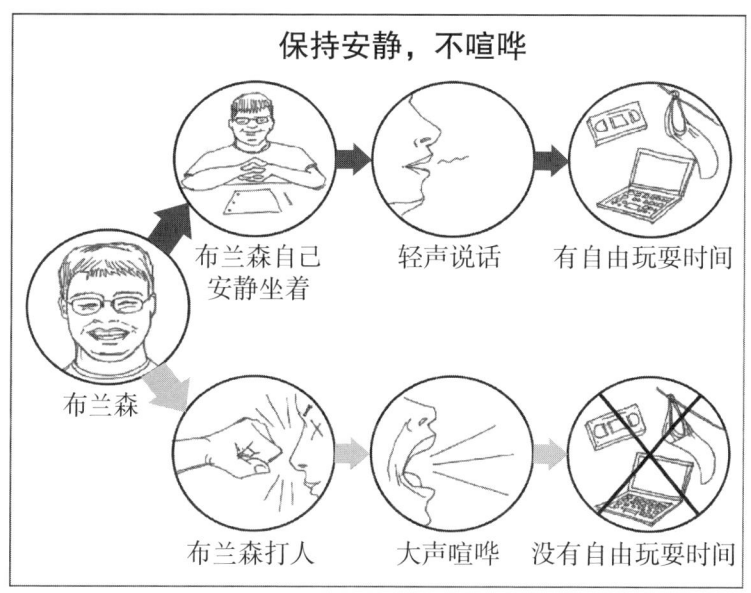

使用图片的最后一张后果导图是"劳伦特的正确选择"。我希望劳伦特生气时可以使用正确的自我调节策略，比如要求去跳蹦床。应用这个结果导图，他在独立自我调节情绪的能力上取得了很大的进步。

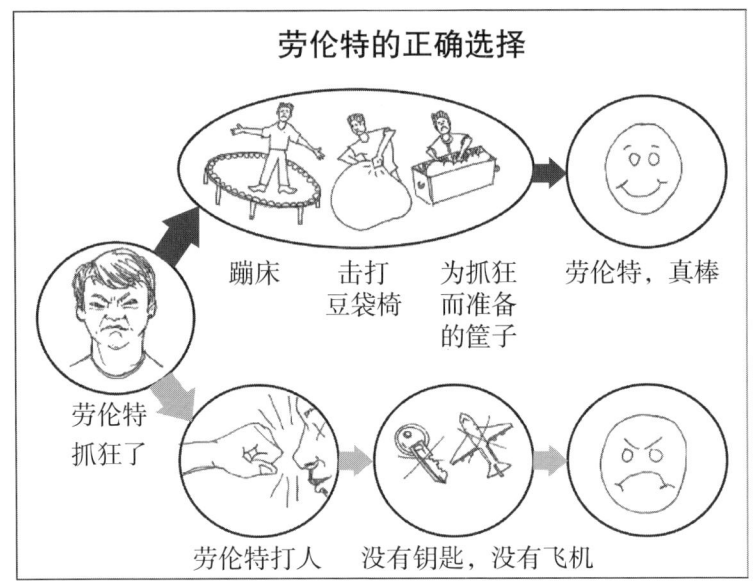

> 在画行为导图时，没必要以艺术家的水准来要求自己。简单用手画画就可以了。如果画不出来，可以从网上下载图片，或者用 Boardmaker* 软件。应用这个软件，可以画日常作息时间表和结果导图。也可以用我的网站提供的软件画行为导图（www.behaviormappingmaker.com）。

这种行为导图允许你对不同年龄和不同功能程度的孩子采用相同的策略。实际上，我经常用书中的图片导图来教育只有 3 岁的儿童。

---

* 编注：Boardmaker 是由 Tobii Dynavox 公司研发的一款专门制作图片沟通工具的符号软件，尤其适用于沟通障碍人士。该软件中包括上万张符号式沟通图片和数百个模板文件，可以根据学习者的实际情况创建符号式的沟通材料。Boardmaker 有四十多种语言的版本，简体中文版于 2016 年问世。

第三章 复杂的行为导图

有些时候，你可能想制作更复杂的行为导图让孩子有更多的的选择。一般来说，后果导图大多数时候只给两种选择，以使其简洁明了。但是，有些学生可能达到了一定程度，使得他们在被要求完成作业或者在受挫的情况下有能力做出更多的选择。此外，有些学生在明白了因果关系后，可以更进一步地使用复杂的行为导图。

"当我生气时"这张导图用来干预一个容易生气的学生。他生气后会大喊大叫并且破坏财物，这些显然都不是好的行为选择。但是，我们必须用正确的方法教育他，让他知道可以有自己的情绪，并且有情绪并不一定总是坏事。通过情景描述的视觉预测方法，我教会了这个学生懂得，生气是正常的、可以接受的情绪，最重要的是如何处理这种情绪。我希望他明白，对白天发生的事感到沮丧或者生气是可以接受的，但打人或破坏财物却不是一个恰当的表达愤怒和沮丧的办法。我还想帮助他认识到，他可以用其他方式来表达情绪，例如请求感统时间、深呼吸或者要求休息一会儿。我注意到在感统时间里荡秋千或者玩治疗球，常常能让他安静下来，所以我就教会他如何在生气的时候表达自己需要感统时间。我还用"神奇的5级量表"（Buron & Curtis, 2012）来帮助他定义自己愤怒的程度：5代表"极为愤怒"，1代表"有一些不高兴"。使用行为导图，我让他知道如果愤怒程度到了 4 和 5 的时候，应该怎样调节自己的情绪。

（K. D. Buron & M. Curtis, *The Incredible 5-Point Scale: The Significantly Approved and Expanded Second Edition*, 2012, Shawnee Mission, KS: AAPC Publishing. 授权使用）

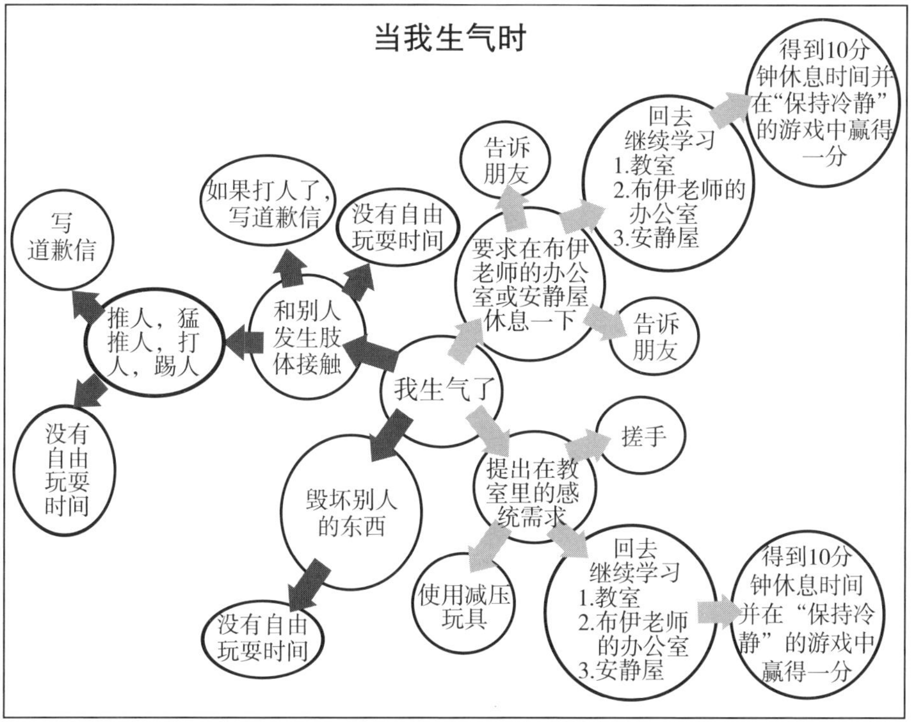

当我生气时

（图示：复杂行为导图）

- 我生气了
  - 和别人发生肢体接触
    - 推人，猛推人，打人，踢人
      - 如果打人了，写道歉信 → 写道歉信
      - 没有自由玩耍时间
  - 毁坏别人的东西
    - 没有自由玩耍时间
  - 要求在布伊老师的办公室或安静屋休息一下
    - 告诉朋友
    - 回去继续学习：1.教室 2.布伊老师的办公室 3.安静屋
    - 得到10分钟休息时间并在"保持冷静"的游戏中赢得一分
  - 提出在教室里的感统需求
    - 搓手
    - 使用减压玩具
    - 告诉朋友
    - 回去继续学习：1.教室 2.布伊老师的办公室 3.安静屋
    - 得到10分钟休息时间并在"保持冷静"的游戏中赢得一分

这个学生在校的一天里，以及他每次去普通教室上课时，我都给他看这张"当我生气时"的复杂行为导图。通过这张导图，告诉他生气时两种行为的后果，一种行为是他把气撒在其他人或物上，另一种行为是可以带来正强化的。换句话说，他可以不选择红色箭头所指的打人，而是选择绿色箭头所指的请求感统时间或要求休息一会儿，从而得到强化。

对于孤独症谱系障碍儿童来说，通过直接指导和强化的方法来教会他们新的技能是非常重要的。如果你想让孩子要求休息一下，就得教他去做。你是希望他举手说"休息一下"，还是用手语示意"休息一下"，还是拿着写有"休息"的卡片或指着"休息"的图片来表示呢？

除了直接教会他们新的技能和行为，包括和小伙伴玩角色扮演游戏，建立一个强化体系同样非常重要。例如，给他一个玩具或者举手击掌庆祝来强化他的努力，这样他下次就会再接再厉，同时意识到听从指令并且做出恰当的行为选择就会带来好的后果。

"威尔的选择"这个复杂的行为导图使用了不同的格式，是专门给威尔设计的。他在不耐烦或者生气的时候，就会破坏财物，喊叫辱骂，非常具有攻击性。这些行为都不恰当并且严重干扰了普通教学课堂的纪律。此外，一直让影子老师告诉他停止问题行为或者要他安静下来也会影响班级纪律，干扰到其他学生。

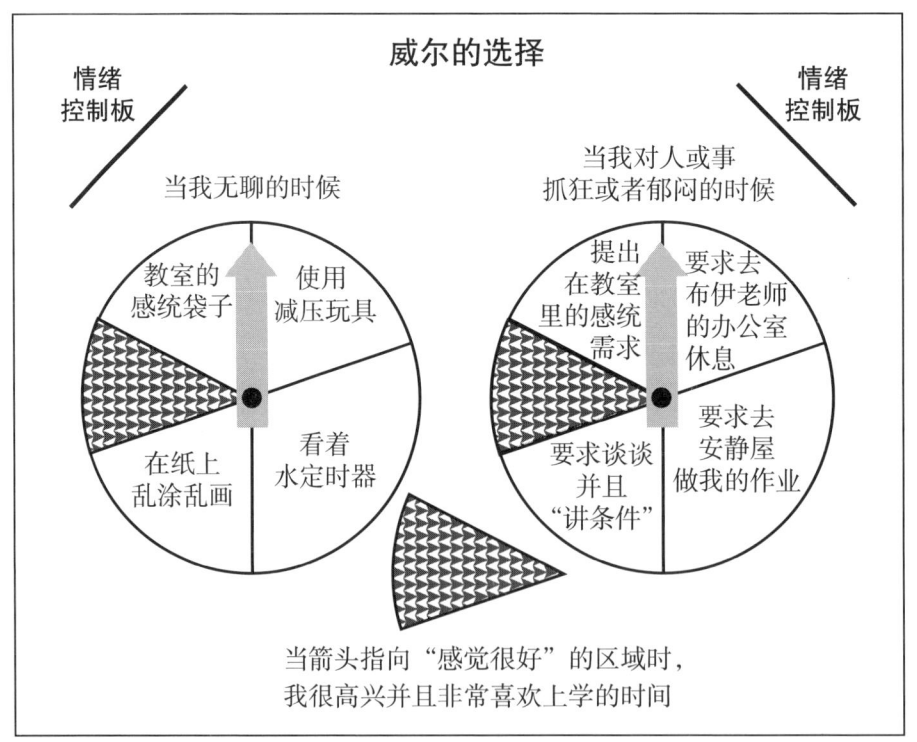

威尔喜欢航空母舰和战斗机,因而在这个视觉支持导图中,使用情绪控制板的方式来强化他的这种意识,那就是正如飞机需要被控制一样,他也需要控制自己的行为。这张导图在每次上课之前都放在威尔的桌子上,影子老师或任课老师提前和他一起复习这张导图,使他明白在上课过程中,他可以做的正确选择。这个导图就给他提供了视觉支持,帮助他在愤怒或无聊的时候做出正确的选择(也就是"换种行为方式"的选择)。同时,另外再做一张后果导图,"我的正确选择"。用这张后果导图中,教育他在生气或无聊时做不恰当的行为选择会带来什么样的后果。

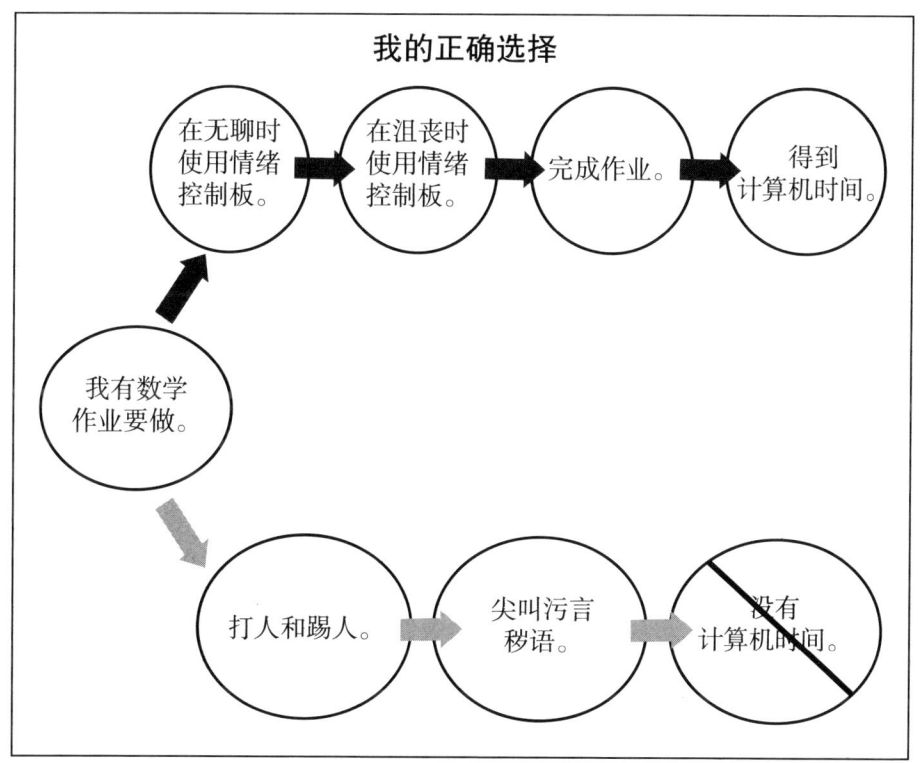

在威尔的行为导图中，用他特别感兴趣的强化物，并且在视觉上提醒他要做"绿灯选择"。使用强化物或者提供感兴趣的活动，早已经被证明能够有效地增加积极的行为（Heflin & Alaimo, 2007; Michael, 2004）。在导图中，那个箭头用大头钉固定在情绪控制板的中心，可以自由转动。在他出现某种情绪时，箭头转动到相应的区域，帮助他选择他所要求的行为支持。"感觉很好"的区域代表他在课堂上感觉不错。当他感到无聊或愤怒时，可以将箭头指向相应的区域，做出合适的选择来控制情绪，这样，他不会由于语言表达能力有限而说不清楚自己想要的东西。例如，只需把箭头拨到"在纸上乱涂乱画"这个区域，他的影子老师或任课老师就知道他需要纸张。

即使是很善于表达的高功能的孩子，在焦虑时也会有沟通困难。这种行为导图可以帮助学生减少行为问题，同时降低对课堂纪律的影响，而不必由影子老师或者任课老师不断地给他语言或者动作上的辅助。

第四章　语言导图

语言导图是另一种对孤独症谱系障碍或者相关障碍学生有效的行为导图。语言导图与后果导图不同，后果导图是用图显示出学生在应对指令或者感到沮丧时可以做的不同行为选择，而语言导图是给学生不同的选择以扩展他们的语言。因此，这个策略更适合于有一些语言基础的孩子。虽然他们有词汇基础，但是他们缺乏足够的语言组织能力来描述并解释自己的行为选择，或者不能有效地用语言来沟通自己想要的东西。这点在学生压力很大的时候，例如有强烈的感统需求或者数学作业很难的时候，会特别明显。

许多孤独症谱系障碍学生能够表达基本的需求，例如"我累了"或者"我生气了"。这些短语虽然在许多情况下很管用，但是太简单，不足以应对真正的社交情景。有效的社交互动要求学生有能力讨论事情为什么会发生，一个人怎么样才能成功，或者能够享受与他人互动的乐趣并建立深厚的友谊。

语言导图超越了行为导图要求学生进行行为选择的"基本"范畴，而且给学生提供机会扩展语言，从而让他们能够解释自己为什么会有某种情绪，并且有能力要求换一种行为方式来处理自己的情绪。

"当我很生气的时候"这张语言导图是专门给查理设计的。查理在事情不如自己所愿时，会说"我生气了"，但只此而已，并且最终会变得很有攻击性。

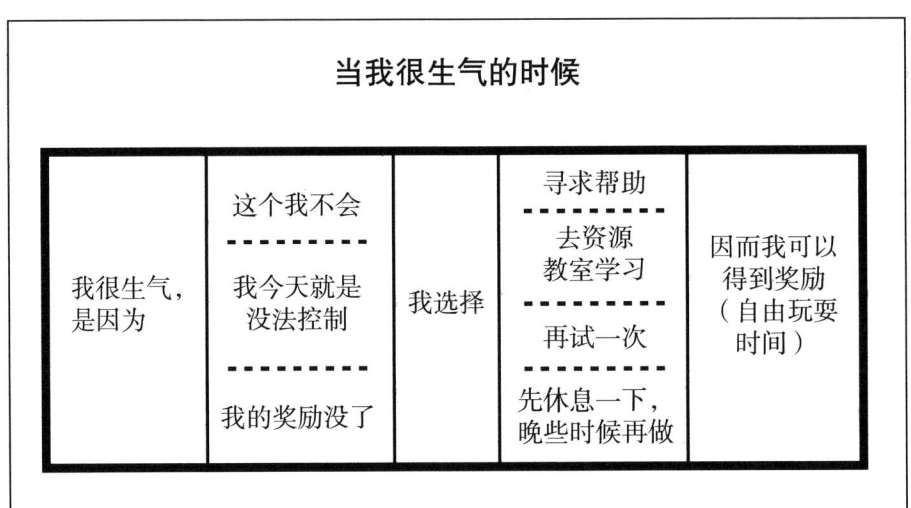

在查理生气时，我们将这个语言导图放在他面前，并读给他听以提高他的语言能力。因为查理有很强的攻击性行为，常常会伤到他人，我们也用系统的方法来强化他自我克制不攻击他人的行为，如打人、抓人，最终达到减少他的攻击性行为的目的。这种差别强化策略（Cooper, Heron, & Heward, 2007），可以强化他没有问题行为的每个时间段，来减少他的攻击性行为。换句话说，如果目标行为是尖叫，那么在5分钟内他没有尖叫，就可以得到一点时间来玩他喜欢的玩具。

在使用"我很生气的时候"这个语言导图时，提示查理，照着每一列的各个选择项读出来，形成一个句子。这个句子能够帮助他在生气时做出不同的选择，例如，请求帮助，要求休息一会儿，或者再试一次。在刚刚开始的时候，我们将语言导图放在查理面前，提示他要用句子来表达他非常生气的原因。通常这个情况是他已经做出了不当行为，他必须"再试一次"才能得到强化物。如果查理在5分钟内不打人，就可以看几分钟他喜欢的电影。如果他打人了，就会重新开始计时，并且告诉他，只有在接下来的5分钟内都不打人，才会允许他看电影。这同样会让他很不开心，但是这个语言导图的使用比仅仅在口头上告诉他"再试一次"要好得多，后者会让他完全抓狂，大发脾气。我们用这张语言导图来帮助他说："我非常生气，因为我失去了我的奖励，所以我选择再试一次。"这不仅帮助他减轻了烦躁，同时也教他说更加复杂的句子。这样他就可以安静下来，并且表达他的想法，做出"再试一次"的行为选择。在这种情绪比较安静的情形下，我们就能够重新计时，他也就能取得成功。

在上面的语言导图中，有一列选项是"为什么"查理非常生气。在制作语言导图时，如果无法确定学生为什么生气，就可以用"我今天就是无法控制"这个意义稍微模糊一点的句子。例如，看见学生喊叫踢人，你就知道他非常生气了。但是，在一个学生需要提示才能使用语言导图的情况下，如果你不知道他为什么生气，就很难帮助他对着语言导图说："我非常生气，因为……。"这时候，这个意义模糊的句子"我生气了，因为我今天就是无法控制，所以我选择做……"，则可以让你提示并帮助学生在非常生气的时候做出行为选择，而不必非要具体知道生气的原因。

查理在一开始的时候需要肢体辅助（就是用手指帮助他指向各个选项），但一周后他就可以独立使用这个语言导图了。事实上，语言导图还通过强化他每5分钟内不打人的策略，减少了他的攻击性行为，使他的攻击性行为从最初的平均每天54.2次减少到每天6.4次。最后，查理每周只有一两次攻击性行为。

语言导图同样也可以用来帮助告诉儿童"为什么"他会有某种情绪,并且选择做什么能够让他感觉好点。"为什么"是一个很难理解的概念,语言导图可以帮助儿童组织必要的语言来沟通这个概念。例如,小孩子哭的时候,如果有一个视觉提示,能够帮助他说出哭的原因,这对情绪处理很有好处。除了提高沟通能力,语言导图还可以帮助儿童学会如何做出行为选择,才能得到强化物,也就是"绿灯选择"。语言导图其他的两个例子:"当我感到沮丧的时候",表明孩子需要休息一下;"当我感觉不太舒服的时候",表明孩子生病了。

当我感到沮丧的时候

| 我感觉沮丧，因为 | 我昨晚在家里过得不好 ---------- 我和朋友吵架了 | 我选择 | 去看心理辅导老师 ---------- 先休息一下，晚些时候再做 | 这样我可以更专心一些 |

当我感到不太舒服的时候

| 我今天不太舒服，因为 | 我头疼 ---------- 我胃疼 ---------- 我觉得我病了 | 我想 | 休息一下 ---------- 躺一下 ---------- 去看医生 | 这样我能舒服一些 |

第五章　问题解决导图

　　有许多孤独症谱系障碍儿童,尤其是高功能的谱系儿童,非常倾向于"非黑即白"的思维方式(Collucci, 2011),因而当出现与预期情况相悖的突发事件或者意愿与现实发生冲突的时候,他们就会很难调节自己的沮丧情绪。换句话说,他们眼中没有中间地带或者灰色地带的存在。这就是在引言中提到的另一个"刻板思维"的例子。如果不能及时处理好这种问题,就会导致孩子因为过度沮丧而出现爆发性行为以及导致情绪崩溃。

　　由克里·玛塔雅和潘尼·欧文合著的《高功能孤独症谱系障碍儿童问题解决秘籍》(*Successful Problem-Solving for High-Functioning Students With Autism Spectrum Disorders*, K. Mataya & P. Owen, 2013)是一个不错的资源,特别是其中给出的问题解决图表这一视觉支持,对问题解决很有帮助。如下所示,该图表的中间画了一个大圆圈,那是老师和学生共同确定的需要解决的"问题"。在中间大圆圈的四周,另外有四个小圆圈给出解决问题的四个选项:① 寻求大人帮助;② 讨论并制定一个折中方案;③ 忽略这个问题继续下一步;④ 让问题一直折磨你。

　　本书所讲的问题解决导图是一个非常好的策略,可以拓展延伸上面的第 2 个选项，"讨论并制定一个折中方案"。问题解决导图的目的是教会孩子在处理问题时如何妥协或者折中。因此，这个导图可以帮助孩子看到"灰色"地带，进而学会妥协来处理问题。尤为重要的是，它帮助孩子看到每个人（包括老师/家长和孩子）对同一事情有不同的要求。比如说，老师"要求/需要"孩子做数学作业，而孩子在教室噪音干扰达到极限的时候"要求/需要"休息一下。

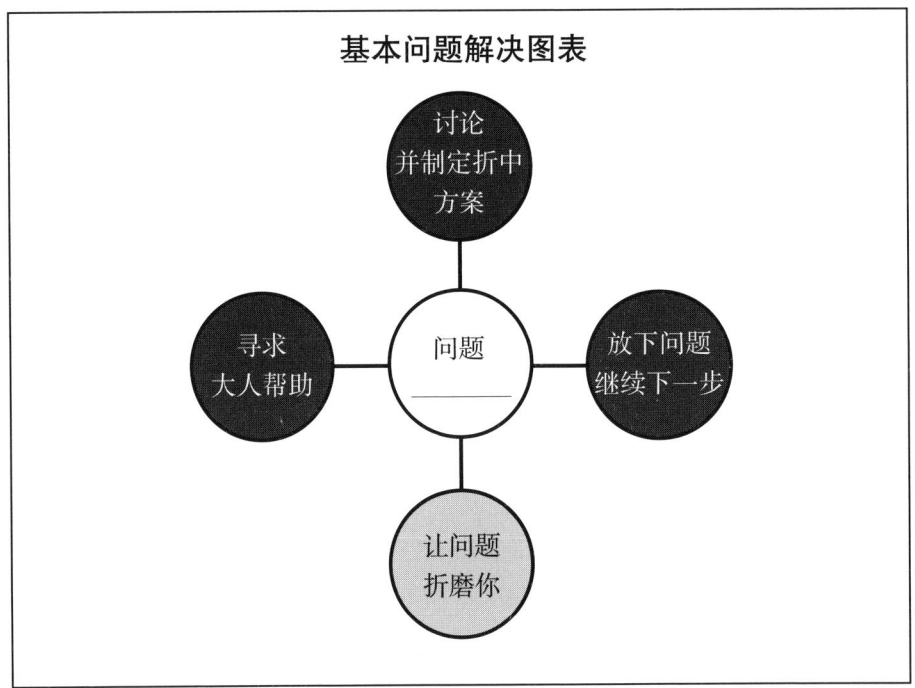

（引自 *Successful Problem-Solving for High-Functioning Students With Autism Spectrum Disorders*, K. Mataya, & P. Owen, 2013, p.6. Shawnee Mission, KS: AAPC Publishing，授权使用）

制作问题解决导图，首先在左右两边各画一个长方形，然后在中间画一个较大的长方形，并画上几条用于写各个选项的横线（见第 33 页）。导图左边的长方形由老师、家长或孩子自己（如果孩子能够的话）写出孩子需要或想得到的东西。导图右边的长方形写出老师和家长对孩子的期待和想要孩

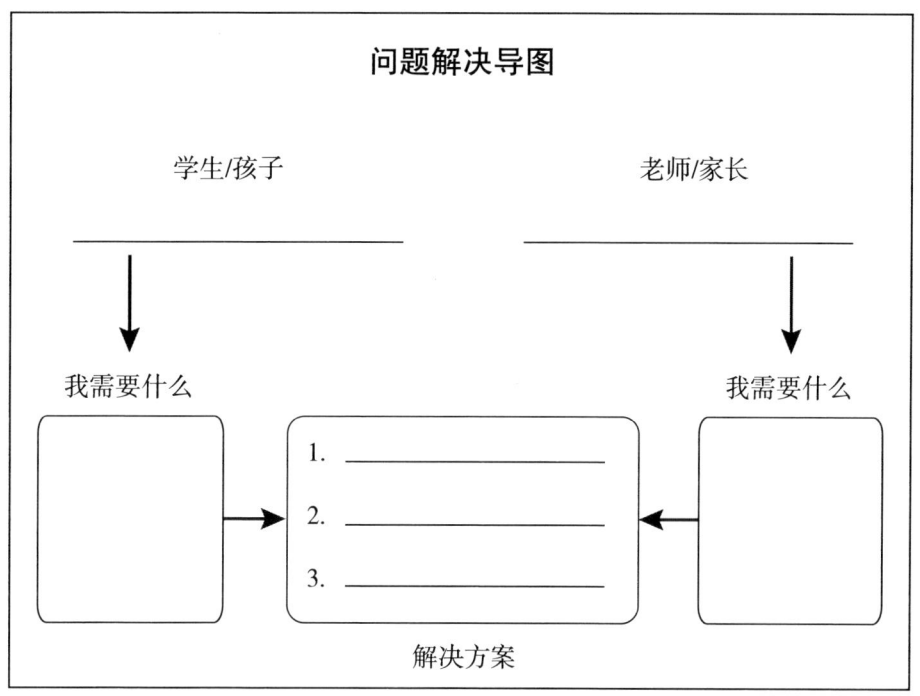

子做的事情。当双方的需求信息在左右两边的长方形中分别列出来之后，互相矛盾的两种需求就被放在了相反的位置，这种在视觉上的直观表述方式，可以让孩子更容易地看到问题所在——那就是，每个人的需求并不完全相同。

在"完成数学作业"的导图中，学生"需要的"或者"想要的"是不做数学题（因为题目太难而产生沮丧情绪），而老师"需要的"或者"想要的"是学生做数学题，以此证明学生理解了教学内容，同时能够给学生判一个相应的分数。

在导图中间那个较个大的长方形中，列出由老师和学生共同想出来的解决问题的方法。非常重要的是，孩子应该积极参与到这个提出解决问题方法

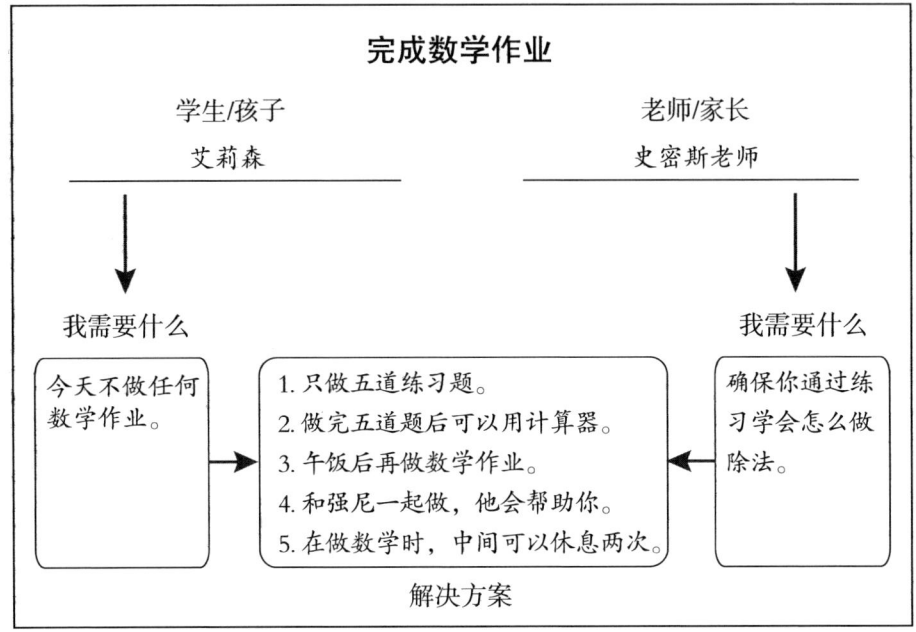

的过程。许多学生都有能力理解妥协意味着"你得到一点你想要的,我得到一点我想要的!"这个概念可以用类似这样的例子直接教给学生:两个学生都想得到剩下的一袋糖果,老师可以解释妥协就意味着把糖果分成两份,一人拿一份,从而在视觉上演示妥协的含义。

开始的时候,孩子需要很多的帮助和支持。他们可能会固持己见而无法提出任何想法或办法,所以,你就必须提出一些想法和妥协方案。当在导图中间的长方形中列出可能的问题解决方案时,非常重要的是不能给学生提出那种无法变通的或者命令式的处理问题方法。比如,老师不应该写出下面这些生硬的选项:

1. 做数学题。

2. 没有课间休息时间。

相反,选项应该是有效解决问题的方法,比如:

1. 你先做五道数学题,这样我就知道你已经学会了我教的内容,然后剩下的题目你就可以用计算器做。

2. 你可以将数学题分开来做,中间休息两次。

3. 你可以只做双数的题目,也可以跟同伴合作一起做。

用这种方式所演示的办法越多,学生就越容易慢慢形成并最终找出自己解决问题的方案。

"在我的全麦饼干上涂蜂蜜"和"买一张猎弓"是两个另外的拓展和应

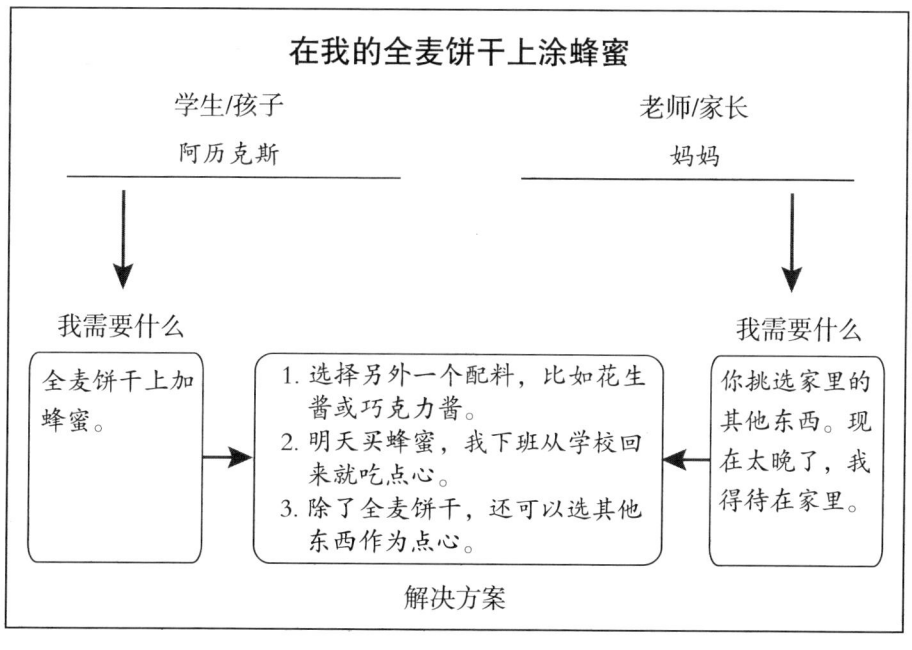

用问题解决导图的例子。我儿子阿历克斯 5 岁的时候，我给他制作了"在我的全麦饼干上涂蜂蜜"这个导图。阿历克斯时常因为事情不如人意，被要求改变"想法"或者生活日程的变化而情绪失控。有一天晚上 8 点钟左右，我给他和 3 岁的弟弟准备了一些零食。当时，我刚刚去杂货店买了一盒"蜂蜜少女全麦饼干"。包装盒上画了一滴落向全麦饼干上的蜂蜜，来表明饼干里面有真正的蜂蜜。阿历克斯，一个典型的非黑即白思考方式的孩子，想要像包装盒画的那样在全麦饼干上涂上蜂蜜。可是，当时家里并没有蜂蜜。

理想的情况是，我直接告诉他家里没有蜂蜜，希望他能够接受。然而，以往的经验告诉我这会导致他长时间的情绪崩溃。为了处理这个问题，我们坐下来一起画了这个"在我的全麦饼干上涂蜂蜜"的导图。阿历克斯那时候还不会阅读，所以我们一起制作这张导图。我一边写，一边念给他听。

我先在图的左边写上阿历克斯想要的——在饼干上涂蜂蜜，在右边写上妈妈想要的——阿历克斯挑选另外一种家里有的调味料，然后告诉他，我们需要解决这个不同需求的问题。我开始给他提出各种解决问题的替代方案。我的第一个想法是在全麦饼干上放花生酱，但他觉得这个是全世界最糟糕的主意。他依然很沮丧。那时候阿历克斯很小，对自己提出解决方法的策略还很陌生。他钻了牛角尖，只想要蜂蜜，所以我必须帮助他想出其他替代办法。重要的是，我不能命令他必须挑哪一种酱，而仅仅是建议他可以有其他的选择。

我的第二个想法是在饼干上涂巧克力酱。这个建议让阿历克斯抬眉一笑并好奇地问："巧克力酱？"当我再三保证他我们可以在饼干上涂巧克力酱的时候，他觉得这个主意棒极了。事实上，巧克力酱的确比蜂蜜好吃多了。

阿历克斯缺乏变通的刻板行为以及缺乏调节由此造成的沮丧情绪的能力，使得他最开始的时候总是看不到任何一种替代方案。如果我只是简单地说"不，我没有蜂蜜"，基本可以肯定他马上会情绪崩溃。然而，那个晚上，这个问题解决导图使一个5岁的孩子高高兴兴在8点半就上床睡觉了，妈妈由此也有了一个高兴轻松的夜晚。

最后一个问题解决导图的例子是"买一把猎弓"。那段时间，我儿子总是不断地要买东西。他的强迫症倾向使得他不停地要各种各样的东西。在下面这个具体的例子中，他特别着迷地要一把可以猎鹿的285美元的复合型弓箭。我们用下面的问题解决导图解决了阿历克斯不停的要买弓箭的祈求。

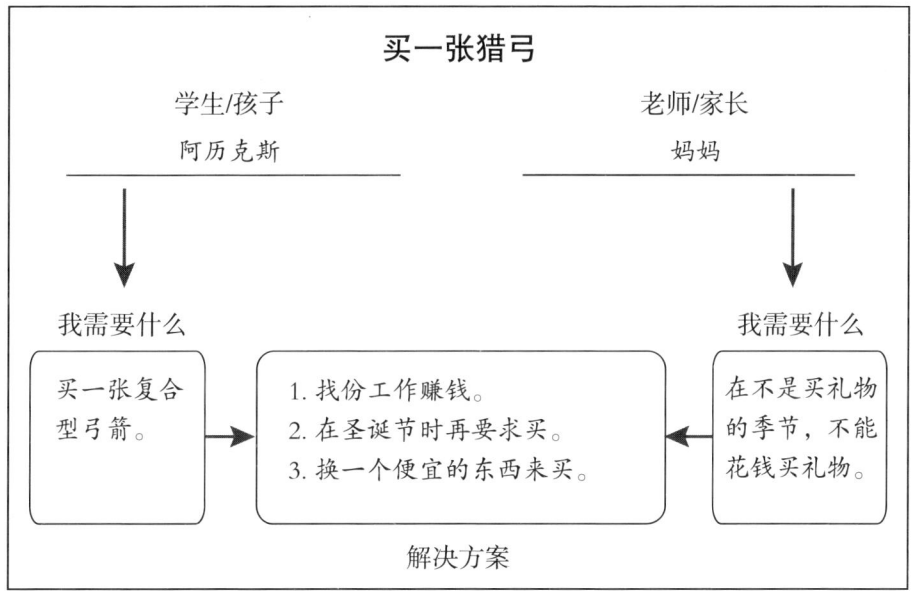

第六章　行为导图的应用

到目前为止，我希望你已经认识到行为导图在学校和家里都能有效地应用。在这一章里，你会看到更多关于如何应用这种策略的例子。

应用后果导图有两种基本方法：一种是在行为发生之前，另一种是行为正在发生的时候。但最好是在行为发生之前就给孩子展示行为导图，这样你可以提前帮助他/她做出正确的选择，防止问题行为的产生。不过，当孩子已经很伤心的时候，后果导图同样可以很好地帮助孩子做出正确的选择（原因），从而得到相应的奖励（结果）。

在行为发生前制作好行为导图

在行为发生前制作好行为导图，可以让孩子提前知道她做出不同行为选择的后果，特别是做出合理的行为选择后能得到的强化物。下面这个例子发生在我们学校的一个学生身上。

迈克是新来的六年级插班生，他有孤独症和唐氏综合征，体重超过

130公斤(至于为什么他的体重是个大问题,大家很快就会知道原因)。当时,因为我们学校没有自己的操场,和街对面的另外一所学校共用一个操场。考虑到医疗保险的原因,我们规定,两个学校的学生不能同时使用这个操场。

迈克上学的第一天,我们在规定时间去了操场。迈克非常兴奋,马上爬到滑梯的最顶端。但是到了上面,他却决定不再下来了。一个重达130公斤的孩子,我根本无法把他弄下来。就这样整整两个小时,迈克才回到教室里。在这期间,影响到了另外一个学校大概50多个孩子无法进行课间休息。总的来说,迈克在学校的第一天是令人沮丧的。

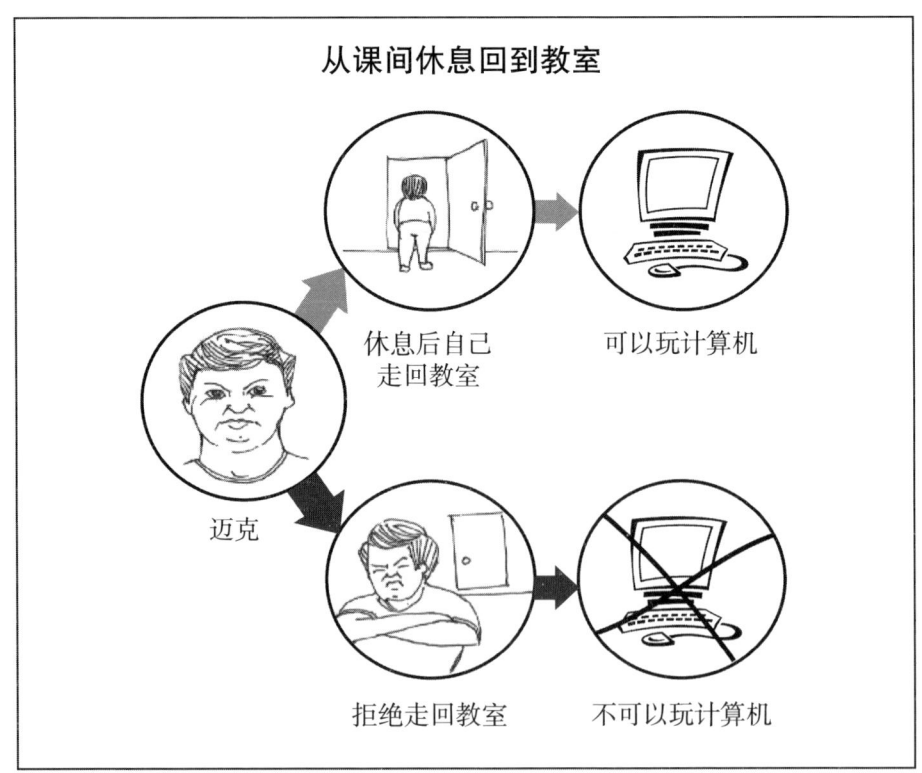

你可能会想："那好吧，我有解决办法——以后不让迈克去操场了！"但是，我认为那样对迈克不公平。这种惩罚对他未来的教育没有丝毫用处。记住我们曾经提到的这个重要问题："我们想让他怎么做？"在这个例子中，我想让迈克在课间休息结束的时候自己走回来。

我开始想办法去强化替代行为，也就是"我到底希望他做什么"的这个行为。一般来说，从课间休息回来，通常是需要上课，而这显然不是一个好的强化物能够强化积极的行为。为了找到有效的强化物，我咨询了他妈妈迈克喜欢的玩具或者其他爱好。对于迈克来说，计算机是他的最爱。

于是我决定如果他行为选择正确，也就是课间休息后自己走回教学楼，那么就有10分钟的玩计算机时间。选择好了这个强化物后，我制作了一张后果导图。这张导图让迈克看到，做出正确的行为选择后（从课间休息回来），就能得到相应的10分钟玩计算机时间。

现在一切准备就绪了：制作了行为后果导图，计算机也已准备好。"从课间休息回来"导图帮助迈克看到他怎样可以得到计算机时间。我们每天在课间休息之前练习一遍，一个星期后，效果非常棒，迈克从此再也没有在课间休息的时候犯过错误。

在发脾气或者其他问题行为发生后使用行为导图

行为导图的另一个用法是在问题行为发生之后使用。在这种情况下，行为导图能够帮助儿童冷静下来，帮助他们从问题行为转换到所需的恰当行为，下面的导图"该回家了"就是一个很好的例子。

我曾经给一所学校做咨询。那天放学的时候，所有的学生都回家了，我正坐在教室里跟老师聊天，这时候学校的影子老师带进来一个行为完全崩溃而且具有攻击性的学生。他失控地尖叫，放声大哭，不停地打他的影子老师。

我们立刻想知道到底哪里出了问题，当然，最好的方法是询问影子老师发生了什么，尤其是问题行为之前发生了什么。原来这个学生以为那天是妈妈来接他回家，结果却是姥姥来了。前面我们提到过，孤独症谱系障碍的孩子很难适应无法预料的变化。老师们也不知道会有这个变化发生，因而没有提前告诉学生，好让他有个准备。

在接下来的15分钟里面，影子老师和任课老师想办法让他冷静下来，试图说服他跟姥姥回家。他们还试图跟孩子的妈妈联系但是联系不上。老师们的每次尝试，都只会导致孩子行为更加有攻击性。

观察了一段时间后，我决定画张行为后果导图"该回家了"来帮助他们。这张图没有什么新奇的，但是非常重要的是，我坐在孩子旁边，一边画一边和他讨论：如果跟姥姥回家之后，可能会有什么事情发生，特别是可能会有什么好的事情发生，比如，可以回家吃零食，或者跟朋友玩。幸运的是，他自己提出来可以跟表哥玩。我当时觉得如果他亲眼看到，选择不跟姥姥回家，我就在零食那张图上打个叉，又在跟表哥玩的图上打一个叉，他能够认识到依照导图做出正确选择的重要性，这正确的选择就包括跟姥姥回家。当然，他依然在哭，依然非常伤心，但他还是带上我画的行为导图，跟着姥姥回家了。

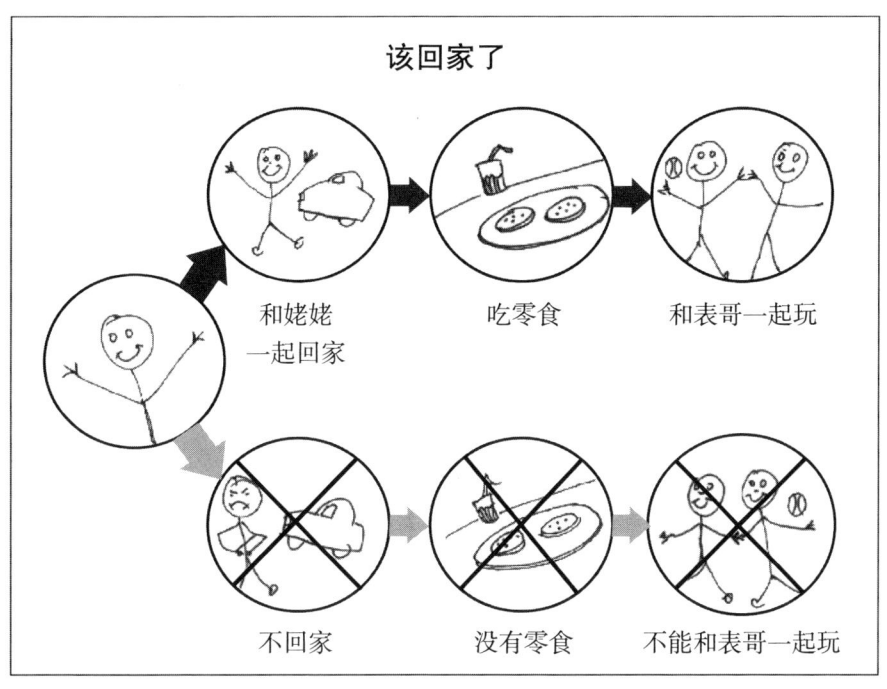

结束语

行为导图的形式可以多种多样。它可以用于各种情况，比如，当孩子感到沮丧的时候，或是孩子不听老师和家长的话的时候；它也适用于所有学生，包括有阅读能力和没有阅读能力只能看图片的那些学生。

行为导图是一种视觉支持策略，适用于每一个学生。本书没有一个万能的导图供你照搬使用。每张导图都应该根据学生的不同需求而专门制定，才能更加有效。在不断的练习中，你会慢慢根据学生的需求给他们制定不同的行为导图。我个人已经成功地使用了 15 年行为导图。

我每天还在探索和发现新的行为导图的使用方法。比如，我们正在尝试使用行为导图来教育那些没有礼貌的学生一些有效的社交技能。我们的目的是通过行为后果导图，让他看到，当他冲小伙伴们嚷嚷不友善的话时，会是怎样的后果。与此同时，将一些"友善的话"写在行为导图上，通过视觉支持的方式提醒他该如何与同伴交往。

我衷心祝愿大家在与孤独症谱系障碍儿童或其他发育障碍儿童工作中使用行为导图并取得有效的成果。行为导图可以极大地改善问题行为，从而帮助我们的每一个学生或孩子在学校和家庭生活当中取得更大的成功。

参考文献

American Psychiatric Association. (2013). *The diagnostic and statistical manual of mental disorders (V)*. Washington, DC: Author.

Brown, K. E., & Mirenda, P. (2006). Contingency mapping: Use of a novel visual support strategy as an adjunct to functional equivalence training. *Journal of Positive Behavior Interventions, 8,* 155-164.

Buron, K. D., & Curtis, M. (2012). *The incredible 5-point scale: The significantly improved and expanded second edition*. Shawnee Mission, KS: AAPC Publishing.

Collucci, A. Z. (2011). *Big picture thinking – Using central coherence theory to support social skills.* Shawnee Mission, KS: AAPC Publishing.

Cooper J. O., Heron, T. E., & Heward W. L. (2007). *Applied behavior analysis, second edition.* Upper Saddle River, NJ: Pearson Education, Inc.

Endow J. (2011). *Practical solutions for stabilizing students with classic autism to be ready to learn – Getting to go!* Shawnee Mission, KS: AAPC Publishing.

Gray, C. (1994). *Comic Strip Conversations™*. Arlington, TX: Future Horizons.

Gray, C. (2010). *The new Social Story™ book*. Arlington, TX: Future Horizons.

Heflin L. J., & Alaimo, D. F. (2007). *Students with autism spectrum disorders, effective instructional practices.* Upper Saddle River, NJ: Pearson Education, Inc.

MacDuff, G., Krantz, P., & McClannahan, L. (1993). Teaching children with autism to use pictographic activity schedules: Maintenance and generalization of complex response chains. *Journal of Applied Behavior Analysis, 26,* 89-97.

Mataya, K., & Owen, P. (2013). *Successful problem-solving for high-functioning students with autism spectrum disorders*. Shawnee Mission, KS: AAPC Publishing.

Michael, J. (2004). *Concepts and principles of behavior analysis* (rev. ed.). Kalamazoo, MI: Society for the Advancement of Behavior Analysis.

Myles, B. S., & Southwick, J. (2005). *Asperger Syndrome and difficult moments – Practical solutions for tantrums, rage, and meltdowns* (2nd ed.). Shawnee Mission, KS: AAPC Publishing.

O'Neill, R. E., Horner, R. H., Albin, R. W., Sprague, J. R., Storey, K., & Newton, J. S. (1997). *Functional assessment and program development for problem behavior: A practical handbook* (2nd ed.). Pacific Grove, CA: Brooks/Cole Publishing Company.

Otten, K. L., & Tuttle, J. L. (2011). *How to reach and teach children with challenging behavior – Practical ready-to-use interventions that work*. San Francisco, CA: Jossey-Bass.

Schopler, E., Mesibov, G. B., & Hearsey, K. (1995). Structured teaching in the TEACCH system. In E. Schopler & G. B. Mesibov (Eds.), *Learning and cognition in autism* (pp. 243-267). New York, NY: Plenum.

Tobin, C. E., & Simpson, R. (2012). Consequence maps: A novel behavior management tool for educators. *Teaching Exceptional Children, 44*(5), 68-75.

Volkmar, F. R., Klin, A., & Cohen, D. J. (1997). Diagnosis and classification of autism and related conditions: Consensus and issues. In D. Cohen & F. Volkmar (Eds.), *Handbook of autism and pervasive developmental disorders* (2nd ed., pp. 5-40). New York, NY: Wiley.

Winner, M. G. (2007). *Social Behavior Mapping® – Connecting behavior, emotions and consequences across the day*. San Jose, CA: Think Social Publishing, Inc.

译后记

2012年，我在北京和南昌的两个孤独症儿童康复机构分享丫丫在美国受到的教育，深深感动于国内家长和机构老师的求知若渴。在南昌，一位操着和我一样乡音的奶奶，流着泪问她如何才能更好地帮助她的孙子时，我被触动了。我觉得需要给国内的孤独症群体做点什么。

返回美国后，我做了两件事。第一件事就是武装自己。我进入美国密苏里大学圣路易斯分校孤独症专业学习，艾米·布伊是我的第一位老师。当时，学生大多数是在职的中小学老师。大家都喜欢讨论如何对孤独症谱系障碍儿童进行行为管理，布伊老师就专门讲授了视觉提示，特别是她自己首创的行为导图策略在行为管理中的应用。

第二件事就是团结几位志同道合的朋友，成立了"小丫丫自闭症项目"的非营利组织，以此为平台，希望能帮助国内的孤独症群体。"小丫丫自闭症项目"已获得美国密苏里州执照，是美国财政部免税批准［501C（3）］的非营利组织。在"小丫丫自闭症项目"团队和志愿者的努力下，我们开通了微信公众号"小丫丫自闭症"（xiaoyaya-autism），建立了网站（www.

xiaoyayaautism.org）等宣传平台。

我们认为，任何个人，包括孤独症谱系障碍人士，都有自己的天赋，如何让他们达到自己所能达到的高度，就是我们需要努力的。因而，"小丫丫自闭症项目"的愿景是"帮助孤独症谱系障碍人士达到他们所能达到的高度"。为了达到这个目标，科学的教育方法，也就是以科学依据为基础的教育方法就是其中最主要的。所以，我们首先要做的是科普孤独症知识，宣传有科学依据的干预方法。

我们也认为，行为规范是孤独症谱系障碍儿童教育的首要问题。有研究表明，在抓狂的时候，人的语言理解能力、做决定和解决问题的能力会降低，IQ 值降低高达 30。行为规范好的孩子，才能更好地进行融合教育，更好地提高语言认知能力和社交能力。当然，在教育的方法上，不是等孩子行为规范好了再去教其他的技能，而是在教育过程中，把行为管理放在重要的位置。

布伊老师是一位行为管理专家，除了在大学教课，她还创立了"孤独症教育中心"。这是美国中西部地区最著名的一所对问题行为进行干预的学校。以 ABA 原理为基础，利用视觉提示或视觉支持的行为导图策略是这所学校应用的最主要的方法之一。2016 年，经由我们的推荐，布伊老师接受了中国精神残疾人及亲友协会的邀请，到北京讲授教室行为管理。布伊老师的培训受到学员们的欢迎，也取得了非常好的效果。

我们将继续与布伊老师合作，推广行为导图策略在行为管理、语言发展和问题解决能力等方面的应用。感谢华夏出版社和我们有一样的认识，将《行为导图》这本书引进国内出版。希望行为导图未来可以帮助更多的孩子，让他们达到自己所能达到的高度。

黎文生

小丫丫自闭症项目发起人

2017年6月于美国圣路易斯

图书在版编目（CIP）数据

行为导图：改善孤独症谱系或相关障碍人士行为的视觉支持策略/（美）艾米·布伊（Amy Buie）著；黎文生，张春芬，谢建芳译.--北京：华夏出版社，2017.8（2025.11重印）

书名原文：Behavior Mapping:A Visual Strategy for Teaching Appropriate Behavior to Individuals with Autism Spectrum and Related Disorders

ISBN 978-7-5080-9203-4

Ⅰ.①行… Ⅱ.①艾… ②黎… ③张… Ⅲ.①孤独症－特殊教育－教学法 Ⅳ.①G766

中国版本图书馆 CIP 数据核字(2017)第 112039 号

Behavior Mapping: A Visual Strategy for Teaching Appropriate Behavior to Individuals with Autism Spectrum and Related Disorders by Amy Buie, MEd, BCBA, LBA, Original copyright © 2013 by AAPC Publishing, U.S.A., Chinese edition copyright © 2017 by Huaxia Publishing House, All rights reserved.

©华夏出版社有限公司 未经许可，不得以任何方式使用本书全部及任何部分内容，违者必究。
北京市版权局著作权合同登记号：图字01-2017-2001号

行为导图：改善孤独症谱系或相关障碍人士行为的视觉支持策略

作　　者	［美］艾米·布伊
译　　者	黎文生　张春芬　谢建芳
责任编辑	刘　娲
出版发行	华夏出版社有限公司
经　　销	新华书店
印　　装	三河市万龙印装有限公司
版　　次	2017 年 8 月北京第 1 版 2025 年 11 月北京第 5 次印刷
开　　本	720×1030　1/16 开
印　　张	4.5
字　　数	52 千字
定　　价	28.00 元

华夏出版社有限公司 　地址：北京市东直门外香河园北里 4 号　邮编：100028
　　　　　　　　　　　网址：www.hxph.com.cn　电话：（010）64663331（转）
若发现本版图书有印装质量问题，请与我社营销中心联系调换。